LANGENSCHEIDTS

SPRACHFÜHRER

ÄGYPTISCH-ARABISCH

LANGENSCHEIDT

BERLIN · MÜNCHEN · ZÜRICH

Bearbeiter: Dr. Kamil Schukry
und Dr. Rudolf Humberdrotz
Illustrationen: Karl Bauer-Oltsch

Inhaltsverzeichnis

Anleitung zur Benutzung des Sprachführers 3
Aussprache und Lautschrift 5
Das arabische Alphabet 7
Nach Ägypten 12

Deutsch-arabischer Text des Sprachführers 15

Einiges aus der arabischen Grammatik 159
Zahlwörter 189
Bekanntmachungen und Warnungen 193
Verzeichnis ägyptischer Speisen 195
Ägyptische Münzen und Banknoten 197
Maße und Gewichte 198
Islamisches 200
Sachregister 204

Auflage: 10. | Letzte Zahlen
Jahr: 1982 | maßgeblich

Druck: Druckhaus Langenscheidt, Berlin-Schöneberg
Printed in Germany · ISBN 3-468-22010-3

Angenommen, Sie wollen verreisen ...

Die ägyptisch-arabische Vulgärsprache, die diesem Sprachführer zugrunde liegt, wird von allen Bewohnern Ägyptens mit geringen dialektischen Unterschieden gesprochen und verstanden. Besonders der ägyptische Rundfunk und Film tragen dazu bei, die ägyptische Vulgärsprache auch in den anderen arabischen Gebieten zu verbreiten, so daß sich dieser Sprachführer auch z. B. auf einer Reise nach Syrien oder dem Irak als nützlicher Ratgeber erweisen wird.

Der Sprachführer bringt die für die Reise und den täglichen Gebrauch erforderlichen Redewendungen und Ausdrücke mit durchgehender Aussprachebezeichnung in übersichtlicher Gruppierung.

Wir empfehlen Ihnen, sich zunächst mit der Erklärung der Aussprachebezeichnung vertraut zu machen und sich dann die allgemeinen Redewendungen einzuprägen. Sollten Sie bei irgendeinem Ausdruck nicht verstanden werden — was bei der schwierigen Artikulation einiger arabischer Kehllaute (s. unten) möglich ist — dann weisen Sie auf das entsprechende arabische Wort im Sprachführer hin. Sie lernen dadurch auch die richtige Aussprache des Wortes von den Einheimischen.

Aus Gründen der Raumersparnis ist der Titelkopf oder die Aussprache durch eine Tilde (~) ersetzt und die Übersetzung, wenn sie in demselben Artikel wiederholt wird, in abgekürzter Form gegeben worden. Bei Zusammensetzungen ersetzt die Tilde den ersten oder letzten Bestandteil des betreffenden Wortes.

Der in dem Sprachführer gebotene Stoff ist nach Gruppen (Apotheker, Arzt usw.) aufgegliedert. Sowohl die Gruppen als auch die einzelnen Artikel innerhalb der Gruppen sind alphabetisch geordnet. Zusammengesetzte Wörter stehen meistens unter dem Grundwort, d.h. Armbanduhr, Taschenuhr usw. unter Uhr, das in dem Abschnitt „Gebrauchsgegenstände“ alphabetisch eingeordnet ist. Allgemeine Redewendungen und Wörter, die Sie z.B. beim Einkaufen benötigen, finden Sie unter der Gruppe „Geschäft und Handel“. Die gleich unter der Überschrift stehenden Angaben weisen Sie auf andere ergänzende Gruppen des Sprachführers hin und erleichtern Ihnen das Auffinden des gewünschten Ausdrucks.

In dem Kapitel „Geschäft und Handel“ folgen nach den beim Einkaufen gebräuchlichen Redensarten in alphabetischer Anordnung die Bezeichnungen der verschiedenen Händler, Ladengeschäfte, Berufe und andere allgemeine Handelsausdrücke, die gleichzeitig das Stichwort zu weiteren ergänzenden Wörtern bilden. So finden Sie unter Buchhandlung z.B. Buch, Reiseführer, Verleger; unter Juwelier — Armband, Ohrring usw. Durch *s.* (= siehe) wird oft auf ein Wort innerhalb derselben Gruppe und durch *s. Gruppe* auf eine andere Gruppe verwiesen, z.B. Bild (unter Kunsthandlung) *s.* Photographie oder Koffer (unter Lederwarenladen) *s. Gruppe* Reise.

Aussprache und Lautschrift

1. Vokale

Die kurzen Vokale: a, e, i, o, u.

Die langen Vokale: ā, ē, ī, ō, ū.

Die Diphthonge: au, ai, oi.

Zu bemerken ist, daß die kurzen Vokale ungefähr den deutschen kurzen Vokalen in geschlossener Silbe entsprechen: a in hatten, e in Bett, i in bitten, usw. Die langen Vokale entsprechen im allgemeinen den deutschen langen Vokalen: ā in Hābe, ē in hēben, ī in līeben usw. Die Diphthonge lauten wie im Deutschen. Im Arabischen beeinflussen jedoch die Konsonanten die Klangfarbe der sie umgebenden Vokale. So verdunkeln z. B. die sogenannten emphatischen Laute (s. unten) die Vokale, a klingt gegen o hin, e klingt schwach gegen ö und u gegen o hin.

In allen anderen Fällen klingen a und ā fast wie ä, ǟ. Das e in dem Artikel el ist sehr geschlossen, fast wie i in bitte.

2. Konsonanten

Den deutschen Lauten entsprechen: b, t, g, ~~ch~~ (jedoch nur wie ch in „ach“ nie wie in „ich“), d, r (immer Zungen-r, nie wie das besonders in Norddeutschland gesprochene Zäpfchen-r) s, (immer wie stimmhaftes s in Rose) ß, sch, f, k, l, m, n, h (nie Dehnungszeichen) j.

3. Dem Deutschen fremde Laute sind:

ʾ heißt im Arabischen Hamsa und bezeichnet den festen Stimmein- oder -absatz. Z. B. wie im Deutschen bei jaʾ aber. Bei jaʾ muß ein

Stimmabsatz gemacht werden, sonst würde man jaber sagen. raʾ ß, ßūʾ nach a und u ist ein deutlicher Stimmabsatz zu hören, so als ob man für einen Augenblick den Atem zurückhielte.

ħ ist ein stark artikuliertes ħ, das mit Verengung der Stimmritze gesprochen wird. Die Zunge liegt sehr tief, wie wenn der Arzt sie mit dem Löffel hinunterdrückt. Angesichts der Schwierigkeit dieses Lautes ist es besser, einfaches h als ch zu sprechen. A'ħmed, ħam-mā'm.

ʕ ein dem Arabischen eigentümlicher Kehllaut, der entsteht, wenn man den Kehlkopf in die Höhe preßt, die Stimmritze verengert und so die Luft ausströmen läßt. Da dieser Laut für den Anfänger sehr schwer auszusprechen ist, lasse man ihn am besten weg und spreche nur die Vokale z. B. baʕd sprich ba-ad mit zwei deutlich hörbaren a oder tabaʕ sprich taba-a.

γ ein r, das hinten am weichen Gaumen gesprochen wird, ähnlich wie das norddeutsche -r. γurā'b.

ω wie das englische w in water, nie wie das deutsche w.

ß, đ, ŧ, s: die vier Laute nennt man gewöhnlich emphatische, das heißt mit Nachdruck ausgesprochene. Sie unterscheiden sich besonders dadurch von ß, d, t, s, daß sie die sie umgebenden Vokale verdunkeln, dumpf machen, z. B. đa'rab, fađl das a vor und nach dem đ neigt zum o hin etwa wie das bayrische a in Adam.

4. Besondere Zeichen

' Wortakzent steht hinter dem Vokal der zu betonenden Silbe.

Einsilbige Wörter bleiben in der Regel ohne Wortakzent, z. B. ßūˀ, baˁd, nār. Nur dort, wo zwei einsilbige Wörter zu einem Wort verschmelzen, wird der Akzent gesetzt, z. B. fiß-ßū'ˀ, fil-bē't.

· zwischen zwei Konsonanten bedeutet, daß die Doppelkonsonanz deutlich hörbar ist, z. B. in ħam·mā'm wird das Doppel-m zweimal so lange angehalten wie das einfache m.

Der Bindestrich zwischen zwei Wörtern bedeutet, daß diese wie eines ausgesprochen werden, so gewöhnlich beim Artikel, z. B. el-bēt das Haus, fil-bē't im Haus.

Das arabische Alphabet

الحروف العربية

el-ħurū'f el ˁarabī'j-je

Das arabische Alphabet besteht aus 28 Buchstaben, die nur die Konsonanten darstellen. Die Vokale werden mit Ausnahme der langen Vokale elif, ωāω, u. jē nicht geschrieben. Die Schrift läuft von rechts nach links. Die arabischen Buchstaben haben je nach ihrer Stellung verschiedene Formen (s. Tabelle).

nicht verbunden	mit dem vorhergehenden verbunden	von beiden Seiten verbunden	Nur mit dem folgenden K. verbunden	Name	Umschrift
					a, e, i, o, u
ا	ـا			elif	ʔ
					ā
ب	ـب	ـبـ	بـ	bē	b
ت	ـت	ـتـ	تـ	tē	t
ث	ـث	ـثـ	ثـ	thē	t, ß
ج	ـج	ـجـ	جـ	gīm	g
ح	ـح	ـحـ	حـ	ħā	ħ
خ	ـخ	ـخـ	خـ	chā	ch
د	ـد			dāl	d
ذ	ـذ			dhāl	d, s
ر	ـر			rē	r
ز	ـز			sē	s
س	ـس	ـسـ	سـ	ßīn	ß
ش	ـش	ـشـ	شـ	schīn	sch

Aussprache

Elif mit Hamsa أ bezeichnet am Anfang des Wortes nur die Vokale a, e, i, o, u.

Elif mit Hamsa in der Mitte und am Ende des Wortes bezeichnet den Stimmabsatz. Vgl. im Deutschen ja' aber. Nach ja' muß ein Stimmabsatz gemacht werden, sonst würde man jaber sprechen.

Elif ohne Hamsa bezeichnet das lange ā.

wie deutsches b.

wie deutsches t.

1. Im ÄVA teils wie t, teils wie ß.
2. Im Hocharabischen wie stimmloses engl. th in think.

Im ÄVA wie deutsches g. im Hocharabischen wie engl. j.

heiseres mit Zusammendrücken des Kehlkopfes gesprochenes ḥ, nie wie unser deutsches h.

immer wie unser ch in ach, nie wie in ich.

wie deutsches d.

Im ÄVA teils wie d, teils wie s. 2. Im Hocharabischen wie engl. stimmhaftes th in there.

immer wie deutsches Zungen-r, nie wie norddeutsches Zäpfchen-r.

wie deutsches stimmhaftes s in Rose.

wie unser scharfes ß.

wie unser sch.

nicht verbunden	mit dem vorhergehenden verbunden	von beiden Seiten verbunden	Nur mit dem folgenden K. verbunden	Name	Umschrift
ص	ـص	ـصـ	صـ	ẞād	ẞ
ض	ـض	ـضـ	ضـ	đād	đ
ط	ـط	ـطـ	طـ	ŧā	ŧ
ظ	ـظ	ـظـ	ظـ	ꞩā	ꞩ
ع	ـع	ـعـ	عـ	ʕēn	ʕ
غ	ـغ	ـغـ	غـ	γēn	γ
ف	ـف	ـفـ	فـ	fē	f
ق	ـق	ـقـ	قـ	qāf	ʔ
ك	ـك	ـکـ	کـ	kāf	k
ل	ـل	ـلـ	لـ	lām	l
م	ـم	ـمـ	مـ	mīm	m
ن	ـن	ـنـ	نـ	nūn	n
ه	ـه	ـهـ	هـ	hē	h
و	ـو			wāw	w
					ō, ū
ی	ـی	ـيـ	يـ	jē	j.
					ē, ī

Aussprache

diese 4 emphatischen Laute unterscheiden sich von den andern ß, d, t, s dadurch, daß sie mit dem Zungenrücken an den oberen Zähnen unter Berührung des vorderen Gaumens kräftig artikuliert werden. Die Zungenspitze befindet sich dabei hinter der unteren Zahnreihe. Bei richtiger Aussprache klingen die nachfolgenden Vokale dumpf.

ein dem Arabischen eigentümlicher Kehllaut, der entsteht, wenn man den Kehlkopf in die Höhe preßt, die Stimmritze verengert und so die Luft ausströmen läßt.

ein Mittellaut zwischen r und g, ein r des weichen Gaumens, nicht vorn mit der Zunge.

wie unser f.

1. im ÄVA gleich Hamsa. 2. im Hocharabischen ein tief in der Kehle ausgesprochenes k.

wie deutsches k.

wie deutsches l.

wie deutsches m.

wie deutsches n.

wie deutsches h, jedoch nie Dehnungszeichen, sondern immer auszusprechen.

als Konsonant gleich dem englischen w in water.

als Vokal langes ō oder ū.

als Konsonant gleich deutschem j.

als Vokal langes ē oder ī.

Nach Ägypten

الى مصر i'le maßr

Wie fahre ich nach Ägypten? ازاى اروح مصر is-sā'j arū'ħ maßr?

Entweder nehmen Sie ein Schiff nach Alexandrien oder Port-Said, oder Sie nehmen ein Flugzeug nach Kairo. {يا تاخذ مركب لاسكندرية او وابور سعيد يا تاخذ طيارة لمصر} jā tā'ehud ma'rkib lißkindiri'j-ja au ωābōr ßaˁi'd, jā tā'ehud taj-jā'ra limaßr.

Und wenn Sie in Alexandrien ankommen, werden Sie vom Zoll abgefertigt, dann nehmen Sie ein Taxi und fahren in ein Hotel. Nach einem Ruhetag (wörtl. nachdem Sie sich ausgeruht haben), sehen Sie sich das Römische Museum und die Ruinen von Kom-esch-Schukāfa an. Dann besteigen Sie ein Taxi und fahren längs der Meeresküste (Corniche) 26 Kilometer lang von Sarai Ras-et-Tin bis Sarai El-Muntazah. Beide Sarais gehörten ehemaligen Königen von Ägypten. Wenn Sie bei dem Sarai El-Muntazah ankommen, versäumen Sie nicht, es zu besichtigen (wörtl.: entziehen Sie nicht dem Sarai El-Muntazah die Besichtigung, wenn Sie da ankommen) ولما توصل اسكندرية وتخلّص الجمرك تاخذ تكسى وتروح لوكندة؛ وبعد ما تستريح تشوف المتحف الرومانى واثار كوم الشقافة ثم تركب تكسى وتمشى على شط البحر (الكرنيش) طوله (٢٦) ستة وعشرين كيلومتر من سراية راس التين لسراية المنتزه. سرايتين ملوك مصر السابقين وما تفوتش الفرجة على سراية المنتزه لما توصل لها

ωila'm-ma tū'ßal ißkindiri'j-ja ωitcha'l-laß el-gu'mruk, tā'ehud ta'kßi ωitrū'ħ luka'nda ωiba'ˁd mā tiß-tira'j-jaħ tischū'f el-ma'tħaf er-romā'ni ωi aßā'r kom-esch-schuʾā'fa, ßu'm-ma ti'rkab ta'kßi ωiti'mschi ˁale schatt el-baħr (el-kurnī'sch) ŧū'lu 26 (sit-te ωaʕischrī'n) kī'lometr min ßarā'jit rāß et-tī'n lißarā'jit el-munta'sah). ßarajtē'n mulū'k maßr aß-ßabiʔī'n, matfaω-ωi'tsch el-fu'rga ʕale ßarā'jit el-munta'sah la'm-ma tū'ßal liha.

Am nächsten Tag fahren Sie mit der Eisenbahn oder mit dem Wüstenautobus nach Kairo.
في اليوم الثانى تروح مصر اما بالسكة الحديد او باوتوبيس الصحرا
fil-jōm et-tā'ni tirū'ħ maßr im-ma biß-ßi'k-ka el-ħadī'd au bi-ʔotobī'ß aß-ßa'ħra.

In Kairo في مصر fi maßr

In Kairo besichtigen Sie das berühmte ägyptische Museum (wörtl. Antikenmuseum) und die einzigartigen Denkmäler der Pharaonen darin (wörtl. und was darin ist von . .). Dann fahren Sie auf die Zitadelle und besichtigen verschiedene Moscheen. Vergessen Sie nicht den großen Chan el-Chalil (Basar), und machen Sie einen Rundgang in der Altstadt (wörtl. gehen Sie herum ein Herumgehen in den alten Stadtvierteln).

Dann besuchen Sie die Pyramiden von Giza mit der Straßenbahn oder einem Taxi oder auch mit einer Droschke. Dort besteigen Sie ein Kamel, das Sie zu den drei größten Pyramiden und zur Sphinx bringt. فى مصر تتفرج عالانتكخانة الشهيرة وعلي ما فيها من اثار الفراعنة العظيمة الوحيدة. ثم تروح القلعة وتزور الجوامع المختلفة ولا تنساش خان الخليل الكبير وتلف لفة فى الاحياء القديمة ثم تزور اهرامات الجيزة بالترامواى او بتكسى او كمان بعربية اجرة وهناك تركب جمل يوديك عند الاهرامات الثلاثة الكبيرة وعند ابو الهول
fi maßr titfa'r-rag ʕal-antikec̶h̶ā'na esch-schahī'ra ωi ʕa'le mā fī'ha min aßā'r el-fara'ʕna el-ʕas̶ī'ma el-ωaħī'da. ßu'm-ma tirū'ħ el-ʔa'lʕa ωitisū'r el-gaωā'miʕ el-muc̶h̶ta'lifa; ωalā' tinßā'sch c̶h̶ān

el-chalī'l el-kebī'r, ωitli'ff la'f-fa fil-aħjā'ʔ el-ʔadī'ma. ßu'm-ma tisū'r ihramā't eg-gī'sa bit-tramωā'j au bita'kßi au kamā'n biʕarabi'j-jit u'gra, ωihinā'k ti'rkab ga'mal juad-dī'k ʕand el-ihramā't et-talā'ta el-kebī'ra ωi ʕand abul-hō'l.

Am Abend gehen Sie in ein Unterhaltungslokal mit ägyptischen Tänzen. فى الليل تروح قهوة رقص مصرى
fil-lē'l tirū'ħ ʔahωit ra'ʔß ma'ßri.

In Luxor فى لوقصر fi lu'ʔßor

Nach Luxor (in Südägypten) kommen Sie mit der Eisenbahn oder mit dem Flugzeug oder mit einem Nilschiff. Dort sehen Sie das hochberühmte Tal der Könige mit dem Grab des Tut-Anch-Amon. In Karnak in der Nähe von Luxor sehen Sie die kolossalen Ruinen des Tempels von Amon Ra. تروح لوقصر (فى الصعيد) بالسكة الحديد او بالطيارة او وابور النيل وهناك تشوف وادى الملوك الشهير وقبر توت — عنخ — امون وفى الكرنك قرب لوقصر تشوف اثارمعبد امون — رع

tirū'ħ lu'ʔßor (fiß-ßaʕī'd) biß-ßi'k-ka el-ħadī'd au bit-taj-jā'ra au ωabū'r en-nī'l ωihinā'k tischū'f ωā'dil-mulū'k esch-schahī'r ωi ʔabr tūt-ʕanch-amō'n, ωi fil-ka'rnak ʔurb lu'ʔßor tischū'f aßā'r ma'ʕbad amō'n raʕ.

Allgemeine Redewendungen

مخاطبة الاشخاص mucha'tbet el-aschchā'ß

Bei Titeln wird „Herr" vorgesetzt, z. B. Herr Professor السيد الاستاذ eß-ßa'j-jid el-ußtā's, *Herr Minister* السيد الوزير eß-ßa'j-jid el-ωasī'r.

Herr السيد ßa'j-jid, *Anrede an Europäer* خواجة chaωā'ga

Frau سيدة او ست ßaj-ji'da *od.* ßitt

Fräulein آنسة او مدمزيل ā'nißa *od.* madmase'l

Meine Damen und Herren سيداتى وسادتى ßaj-jidā'ti ωaßā'dati

Ihr Gemahl زوجك sō'gik, **Ihre Frau** زوجتك so'gtak

Begrüßung, Bekanntschaft, Besuch

السلام والتعارف والزيارة eß-ßalā'm ωit-taʿā'ruf ωis-sijā'ra

Guten Morgen! صباح الخير ßabā'ħ el-chē'r

Guten Tag! نهارك سعيد او سعيدة nihā'rak ßaʿī'd *od.* ßaʿī'da

Guten Abend! مسالخير mißalchē'r

Stellen Sie mich bitte dem Herrn (der Dame) vor من فضلك قدمنى للسيد (للست) min fa'ɑ̃lak ad-di'mni liß-ßa'j-jid (liß-ßi'tt)

Darf ich vorstellen ...... تسمح لى اقدم tißma'ħ-li aʾa'd-dim...

Sehr angenehm! تشرفنا taschar-ra'fna

Sind Sie Herr, (Frau, Fräulein ..)? انت السيد (الست، الانسة) inta eß-ßa'j-jid ... (inti eß-ßitt, el-ā'nißa. ...)?

Ja, ich bin es ايوه انا a'jωa a'na

Es freut mich, Ihre Bekanntschaft zu machen

اتشرف بمعرفتك atascha'r-raf bimaʿre'ftak

Gestatten Sie, daß ich mich vorstelle تسمح لى اقدم نفسى
tißma'ħli a'a'd-dim na'fßi

Besuchen Sie mich bitte morgen اتفضل زرنى بكرة
itfa'đ-đal so'rni bo'kra

Wann sind Sie zu Hause? امتى تكون فى البيت ؟
i'mta tikū'n fil-bē't?

Ist ... zu Hause? ... فى البيت ؟ | ... fil-bē't?

Ich wünsche ... zu sprechen عاوز ... علشان اتكلم معاه
ʕā'ωis ... ʕaleschā'n atka'l-lim [[miʕā'

....ist ausgegangen ... خرج | ... cha'rag

Wann wird ....wieder zurück sein? امتى ... يرجع ؟
i'mta ... ji'rgaʕ?

In einer (halben) Stunde بعد (نص) ساعة baʕd (nußß) ßā'ʕa

Ich werde nochmals vorsprechen راح آجى مرة ثانية
rāħ ā'gi ma'r-ra tā'nja

Sie sind stets willkommen اهلا وسهلا a'hlan waßa'hlan

Wen darf ich melden? مين حضرتك؟ mīn ħađre'tak?

Hier ist meine Visitenkarte خذ كرتى chud ka'rti

Herein! اتفضل ادخل itfa'đ-đal i'dchul

Mit wem habe ich die Ehre zu sprechen? احب اتشرف باسمك
aħi'b atscha'r-raf biʾi'ßmak [[(*fem.* biʾi'ßmik)

Mein Name ist ... | ... اسمى i'ßmi ...

Bitte nehmen Sie Platz اتفضل اقعد itfa'đ-đal o'ʾʕud

Es freut mich, Sie zu sehen انا مسرور من رؤيتك
a'na maßrū'r min roʾje'tak

Ich komme etwas spät جيت متأخر شوية gēt mitʾa'ch-char schuωa'j-ja

Störe ich Sie? يمكن اكون ضايقتك ji'mkin akū'n đaji'ʾtak

Im Gegenteil بالعكس bilʕa'kß

Durchaus nicht ابدا a'badan

Womit kann ich Ihnen dienen? انا فى الخدمة a'na fil-chi'dma

Ich bin gekommen, Ihnen mitzuteilen, daß ...
... جيت اقول لك ان gēt aˀu'l-lak an ...

Darf ich anbieten? تسمح لى اقدم لك؟ tißma'ħli aˀad-di'mlak?

Das ist liebenswürdig von Ihnen ده من ظرفك de min ŝo'rfak

Machen Sie meinetwegen keine Umstände ما تعملش تكليف بنّا ma tiˁmi'lsch taklī'f be'n-na

Gestatten Sie mir, Ihnen meinen herzlichen Glückwunsch (mein herzliches Beileid) auszusprechen مبروك (البركه فيك) mabrū'k (el-ba'raka fī'k)

Befinden الحال el-ħā'l

Wie geht es Ihnen? ازيك؟ es-sa'j-jak?

Danke (ziemlich) gut اشكرك (عال) كويس aschku'rak (ˁāl) kuωa'j-jiß

Und Ihnen geht es gut? وازيك انت؟ ωes-sa'j-jak i'nta?

Ich fühle mich nicht recht wohl مش قد كده misch ˀad ki'dde

Wie geht es Ihrem Vater? ازى والدك؟ es-sa'j ωa'ldak?

Danke, zu Hause ist alles gesund كثر خيرك كلهم فى البيت طيبين ka't-tar chē'rak kul-lu'hum fil-bē't ŧaj-jibī'n

Mein Bruder (meine Schwester) ist krank اخوى عيان (اختى عيانة) achū'ja ˁaj-jā'n (u'chti ˁaj-jā'na)

Abschied الانصراف el-inßirā'f

sich verabschieden يستأذن فى الانصراف jißta'ˀsin fil-inßirā'f

Ich möchte mich verabschieden عاوز امشى ˁā'ωis a'mschi

Ich möchte Sie nicht weiter stören (nicht länger aufhalten) مش عاوز اضايقك misch ʕā'ωis ad̄aj'ʔak

Sie haben noch viel Zeit لسه بدرى li'ß-ßa ba'dri

Nein, man erwartet mich zu Hause لا منتظرينى فى البيت la' mintaseri'n-ni fil-bē't

Auf Wiedersehen! نشوف وشك فى خير nischū'f ωi'sch-schak fichē'r

Können wir uns morgen wiedersehen? ممكن نشوف بعض بكرة ؟ mu'mkin nischū'f baʕd̄ bo'kra ?

Adieu, Servus! مع السلامة ma'ʕaß-ßalā'ma

Gute Nacht! ليلتك سعيدة او تصبح على خير le'ltak ßaʕī'da *od.* ti'ßbaħ ʕa'le chē'r

Alles Gute! ان شاالله نسمع عنك كل خير inscha'l-la ni'ßmaʕ ʕa'n-nak kull chē'r

Grüßen Sie Ihre Frau! سلم عالست زوجتك ßa'l-lim ʕaß-ßi'tt so'gtak

Empfehlen Sie mich Ihrem Bruder سلم لى على اخوك ßal-li'mli ʕa'le achū'k

Viel Vergnügen! ربنا يديملك السرور rab-bi'na jidī'm-lak eß-ßerū'r

Vielen Dank für die Gesellschaft! اشكرك كتير على وجودك معى aschku'rak ketī'r ʕa'le ωu-gū'dak miʕā'je

Gute Reise und glückliche Rückkehr! تروح وتيجى بالسلامة tirū'ħ ωitī'gi biß-ßalā'ma

Bitte الرجاء er-ra'ga

Bitte! ارجوك او من فضلك argū'k *od.* min fa'd̄lak

Jemand um einen Gefallen bitten واحد يرجو آخر فى معروف ωā'ħid ja'rgu ā'char fi maʕrū'f

Dürfte ich Sie bitten, zu ... | ... ارجوك ان argū'k an ...

Bitte, wo sind (ist) ...? من فضلك فين ...؟ min fa'd̄lak fēn .. ?

Bringen (geben, sagen, senden) Sie mir, bitte

من فضلك هات لى (اديني، قل لى، ابعثلى ... ...
min fa'đlak hāt-li (id-dī'ni, ʔu'l-li, ibʕa'tli

Gestatten Sie? تسمح؟ ti'ßmaħ?

Haben Sie die Güte, zu ... اعمل معروف i'ʕmil maʕrū'f

Was wünschen Sie? عاوز ايه؟ ʕā'ωis ē?

Ich möchte ... haben عاوز ... ʕā'ωis ...

Welche Sorte wünschen Sie? عاوز انهو نوع؟ ʕā'ωis a'nhu nōʕ?

Das ist (nicht) nach meinem Wunsch ده يناسب (ما يناسبش) طلبي de jinā'ßib (ma jinaßi'bsch) ta'labi

Wie Sie wünschen زى ما تحب sajj ma tiħi'bb

Auf Wunsch können Sie ..... bekommen تقدر تاخذ ... زى طلبك ti'ʔdar tā'chud ... sajj ta'labak

Dank الشكر esch-schu'kr

Danke! اشكرك او كثر خيرك aschku'rak *od.* ka't-tar chē'rak

Vielen (Tausend) Dank كثر خيرك كثير (الف شكر) ka't-tar chē'rak keti'r (alf schukr)

Ich bin Ihnen sehr zu Dank verpflichtet انا مدين لك بالف شكر a'na madi'n-lak biʔalf schukr

Bitte sehr, keine Ursache! العفو el-ʕa'fu

Ich wäre Ihnen (sehr) dankbar, wenn Sie ... اكون شاكر فضلك ان ... akū'n schā'kir fa'đlak in ...

Sie sind sehr liebenswürdig انت فى غاية الظرف inta fi γā'jit es-ŝorf

Beschwerde الشكوى esch-scha'kωa

Sich beschweren über ... bei ... يشتكى من ... الى ... jischti'ki min ... ila ...

Beschwerden sind zu richten an الشكاوى تتقدم الى ...
esch-schakā'ωi titʔa'd-dim ila ...

Sind Sie mit ... zufrieden? انت مبسوط من ...؟
inta mabßū'ŧ min ... ?

Ich kann mich nicht beklagen ما اقدرش اشتكى
maʔda'rsch aschti'ki

Bedauern الاسف el-a'ßaf

Ich bedaure (sehr), es tut mir (sehr) leid انا متاسف كتير a'na mitʔa'ß-ßif ketī'r

Ich kann es Ihnen leider nicht sagen مع الاسف ما اقدرش اقول لك
maʕ al-a'ßaf maʔda'rsch a'u'l-lak

Wie schade! يا خسارة jachßā'ra!

Es ist sehr schade خسارة قوى chißā'ra ʔa'ωi

Es ist sehr unangenehm مش كويس misch kuωa'j-jiß

Es ist ein Unglück دى مصيبة di mußī'ba

Es ist unmöglich مش ممكن misch mu'mkin

Er (sie) ist wirklich zu bedauern الواحد لازم يتأسف عشانه (عشانها)
el-ωā'ħid lā'sim jitʔa'ß-ßif ʕaschā'nu (ʕascha'nha)

Entschuldigung الاعتذار el-iʕtisā'r

Entschuldigen *od.* **verzeihen Sie** لا مؤاخذة la muʔa'chse

Ich muß mich entschuldigen لازم اعتذر lā'sim aʕta'sir

Ich bitte um Entschuldigung ارجوك ما تآخذنيش argū'k matʔachisnī'sch

Bitte sehr! العفو el-ʕa'fu

Es hat nichts zu sagen, es macht nichts ما عليش maʕalē'sch

Anfrage الاستفهام el-ißtifhā'm

Sich erkundigen nach ..... يستفهم عن jißta'fhim ʕan ...

Wo ist (sind) ...? فين ... ؟ fēn ... ?

Ist (sind) hier ... zu haben? هنا نلاقى ... ؟ hi'na nilā'ʔi ... ?

Wo (wann, wie) kann ich ... bekommen? فين (امتى، ازاى) الاقى ... ؟ fēn (im'ta, es-saj) alā'ʔi ... ?

Können Sie mir empfehlen (geben, sagen)? تقدر تدلنى (تدينى، تقوللى)؟ ti'ʔdar tidil-li'ni (tid-dī'ni, tiʔu'l-li)

Ist dies der richtige Weg nach ...? دى سكة ... ؟ di ßi'k-kit ... ?

Welches ist der Weg nach ...? فين سكة ... ؟ fēn ßi'k-kit ... ?

Wohin führt dieser Weg? السكةدى تودى على فين؟ eß-ßi'k-ke di tiωa'd-di ʕa'le fēn ?

Wie komme ich nach ...? ازاى اروح ل ... ؟ es-sa'j arū'ħ li ... ?

Wie weit ist es bis ...? المسافة قد ايه لحد ... ؟ el-meßā'fe ʔa'd-di ē liħa'dd ... ?

Wissen Sie ob ..... تعرف اذا كان ti'ʕraf i'se kān ...

Hat jemand nach mir gefragt? حد سأل علىّ؟ ħadd ßa'ʔal ʕale'j-je ?

Was werden wir heute anfangen? حانعمل ايه النهارده؟ ħani'ʕmil ē en-naha'rda ?

Wo wollen Sie hin(gehen)? تحب تروح فين؟ tiħi'bb tirū'ħ fēn ?

Wollen wir nach ... gehen? نروح فى ... ؟ nirū'ħ fi ... ?

Kommen Sie mit mir (uns)? تيجى معاى (معانا)؟ tī'gi meʕā'je (meʕā'na) ?

Lohnt es sich, nach ... zu gehen? يستحق نروح ... ؟ jißtaħa'ʔ nirū'ħ ... ?

Wie gefällt Ihnen ...? يعجبك ... ؟ jiʕgi'bak ... ?

Was halten Sie von ...? تقول ايه فى ...؟ ti²ū'l ē fi ... ?

Wo gehen Sie hin (kommen Sie her)? رايح فين (جاى منين)؟ rā'jeħ fēn (ga'j minē'n)?

Wann kommt ... an? امتى يجى ...؟ i'mta jī'gi ... ?

Reisen Sie ab? انت مسافر؟ inta mißā'fir ?

Was bedeutet das? ده يعنى ايه؟ de ja'ˁni ē ?

Was ist das? ده ايه؟ de ē ?

Was ist das für ein(e) ...? ده نوعه ايه ...؟ de nō'ˁu ē ... ?

Wie heißt dieser Bahnhof? المحطة دى اسمها ايه؟ el-maħa't-ta di ißma'ha ē ?

Wozu dient das? Welchen Zweck hat das? ده يستعمل لايه؟ de jußta'ˁmal li-ē ?

Was ist los? جرى ايه؟ ga'ra ē ?

Was ist passiert? حصل ايه؟ ħa'ßal ē ?

Auskunft الاستعلام el-ißtiˁlā'm

Auskunft geben, mitteilen يخبر ji'ehbir

Fragen Sie einen Schutzmann اسأل كونستابل البوليس i'ß²al ko'nßtabl el-bolī'ß

Gehen Sie zu einem Auskunftsbüro روح لمكتب استعلامات rū'ħ lima'ktab ißtiˁ lamā't

Das Büro ist oben (unten, um die Ecke) المكتب ده فوق (تحت، فى الناصية) el-ma'ktab defō² [(taħt, fin-na'ßje)]

Es ist nicht weit von hier مش بعيد من هنا misch baˁī'd min hi'na

Nur fünf Minuten بس خمس دقايق baßß eha'meß da²ā'ji²

Es ist ganz nahe ده قريب خالص de ²ora'j-jib ehā'liß

Nehmen Sie die erste Straße rechts (links) خذ اول شارع على اليمين (على الشمال) ehud a'ω-ωil schā'riˁ ˁa'le el-jemī'n (ˁa'le esch-schemā'l)

Gehen Sie geradeaus امشى طوالى imschi taω-ωā'li

Am Ende der Straße finden Sie ... فى آخر الشارع تلاقى
fī ā'chir esch-schā'riˁ tilā'ˀi......

Sie können den Autobus (die Straßenbahn) benutzen تقدر تاخذ الاوتوبيس (الترامواى) ti'ˀdar tā'chud el-otobī'ß (et-teramωā'j)

Sagen Sie ihm (ihr), er (sie) möchte einen Augenblick warten قل له (لها) ينتظر (تنتظر) لحظة
u'l-lu (ul-le'ha) jinti'ṡir (tinti'ṡir) la'ħṡa

Es ist ein Brief (Paket) für Sie da لك جواب (طرد)
lik gaωā'b (ṫard)

Es hat jemand nach Ihnen gefragt واحد سأل عليك
ωā'ħid ßa'ˀal ˁalē'k

Unterhaltung الحديث el-ħadī'ß

Sprechen Sie Deutsch (Arabisch)? تعرف المانى (عربى)؟
ti'ˁraf almā'ni (ˁa'rabi)?;

Ein wenig شوية schuωa'j-je

Spricht hier jemand Arabisch? حد هنا يعرف عربى؟
ħadd hi'na ji'ˁraf ˁa'rabi?; **Ich verstehe (spreche) etwas Arabisch** افهم (اتكلم) عربى شوية
a'fham (atka'l-lim) ˁa'rabi schuωa'j-je

Verstehen Sie mich? انت فاهمنى؟ i'nta fahi'mni?;
Ich verstehe alles انا فاهم كل شئ a'na fā'him kull schē'ˀ; **Ich verstehe nichts** انا مش فاهم حاجة a'na misch fā'him ħā'ge

Warum antworten Sie nicht? ليه ما بتجاوبش؟ lē mabitgaωi'bsch?

Wo haben Sie Arabisch gelernt, in Deutschland oder in Ägypten? فين اتعلمت العربى فى المانيا ولا فى مصر؟
fēn itˁal-li'mt el-ˁa'rabi, fi almā'nje ωa'l-le fi maßr?

In Deutschland, ich habe es mir selbst beigebracht (ich habe Stunden genommen) فى المانيا اتعلمته بنفسى (اخذت دروس) fi almā'nje itˁal-li'mtu bina'fsi (acha'tt derū'ß)

Ich habe nicht verstanden, sprechen Sie bitte

etwas langsamer ما فهمتش من فضلك اتكلم على مهلك
ma fihi'mtisch, min fa'đlak itkal'-lim ʕale ma'hlak

Was heißt ... auf arabisch? ده اسمه ايه بالعربى؟
de i'ßmu ē bil-ʕa'rabi?

Wie spricht man dieses Wort aus ازاى تنطق الكلمة دى؟
es-sa'j ti'nŧaˀ el-ki'lme di?

Seit wann sind Sie in Ägypten? من امتى انت فى مصر؟
min i'mta i'nta fi maßr?

Erst seit ein paar Tagen (seit kurzem) من بعض ايام (من مدة صغيرة)
min ba'ʕđ aj-jā'm (min mu'd-da ßiγaj-ja'ra)

Verbessern Sie mich, bitte, wenn ich Fehler mache من فضلك صلح لى كلامى لما اغلط min fa'đlak ßal-la'ħ-li kelā'mi la'm-ma a'γlaŧ

Wie gefällt es Ihnen in Ägypten? عجبتك مصر؟
ʕagabi'tak maßr?

Sehr gut, ich freue mich sehr, Ihr Land kennenzulernen عجبتنى كتير وانا مبسوط خالص من بلدكم
ʕagabi'tni ketī'r ωa'na mabßū'ŧ chā'liß min bala'dkum

Sind Sie schon in Deutschland gewesen?
سبق رحت المانيا؟ ßa'baˀ roħt almā'nje?

Wie lange bleiben Sie hier? حا تقعد هنا قد ايه؟ ħato'ˀʕud hi'na ˀa'ddi ē?

Kennen Sie ...? تعرف ...؟ ti'ʕraf ...?

Nein, ich habe es nicht gesehen لا لسه ما شفتهاش
laˀ li'ß-ßa ma schuftihā'sch

Apotheke und Drogerie

الاجزخانة ومخزن الادوية el-agsachā'ne ωema'chsan el-adωi'je

(Siehe Gruppe Arzt u. Krankheiten, Toilettenartikel)

Alaun شبة scha'b-ba

Apotheke اجزخانة agsachā'ne; **Reise~** نقالى ~ [~ naˀa'li]

Apotheker اجزجى agsa'gi
Aspirin اسبرين aßbirī'n
Augenwasser قطرة ʾa'ŧra
Baldrian بلدريان ba'ldrian
Binde رباط rubā'ŧ; **Leib~** حزام بطن ħisā'm batn; **Damen~** رباط حيض rubā'ŧ ħēđ
Bittersalz مغنزيا maγni'sje
Borsäure حمض بوريك ħimđ borī'k
Brom برومين bromī'n
Bruchband حزام فتاق ħisā'm fitā'ʾ; **Chinin** كنين kinī'n
Einreibung دهان dehā'n; **einreiben** يدهن ji'dhin
Gift سم ßimm; **Glyzerin** جليسيرين glißirī'n
Gurgelwasser غرغرة γarγa'ra; **Jod** يود jōd; **Kamille** بابونج babū'nig; **Kampfer** كافور kafū'r; **Karbolsäure** حمض فنيك ħimđ finī'k; **Kompresse** مكمدة mekam-me'de
Lakritze عرق سوس ʿirʾ ßūß
Medizin دوا da'ωa; ~ **einnehmen** ياخذ jā'ehud ~
Menthol روح النعناع rōħ en-neʿnā'ʿ

Mittel دوا da'ωa; ~ **gegen Durchfall** ~ ضد الاسهال ~ đidd el-ißhā'l; **blutstillendes** ~ ملطف للدم ~ mula'ŧ-ŧif lid-da'm; ~ **gegen Verstopfung** ~ ~ ضد الامساك ~ đidd el-imßā'k; **fieberstillendes** ~ مخفف للحمى ~ ~ muɛha'f-fif lilħu'm-ma; **Abführ~** مسهل mu'ßhil; **Beruhigungs~, Linderungs~** مسكن ~ ~ mußa'k-kin; **Blutreinigungs~** مروق للدم ~ ~ mura'ω-ωiʾ lid-da'm; **Betäubungs~** مخدر ~ mußha'd-dir; **Brech~** مقيئ ~ ~ muka'j-jiʾ; **Desinfektions~** مطهر ~ muŧa'h-hir; **Husten~** للكحة ~ ~ lilku'ħ-ħa; **Reiz~** مهيج ~ ~ muha'j-jig; **Schlaf~** منوم ~ ~ muna'ω-ωim; **Stärkungs~** مقوى ~ ~ muʾa'ω-ωi; **Vorbeugungs~** واق ~ ~ ωā'ʾi; **Wasch~** غسيل ~ ~ γaßī'l; **Wurm~** ينزل الدود ~ ~ jina's-sil ed-dū'd

Pastille بستليا baßti'lje; **Husten~** حبوب كحة ħubū'b ko'ħ-ħa
Pflaster لزقة la's'a; **ein ~ auflegen** يحط ~ jiħu't ~; **Hühneraugen~** للكالو ~ ~ lilka'l-lu; **Senf~** خردل ~ ~ cha'rdal
Pille حبوب ħubū'b
Pulver سفوف ßefū'f; **ein ~ einnehmen** ياخد ~ jā'chud ~; **Brause~** فوار ~ ~ faωā'r; **Insekten~** مسحوق حشرات maßħū' ħascha-rā't

Rizinusöl زيت خروع sēt cha'rωaʕ
Salbe مرهم ma'rham; **mit ~ einreiben** يدهن بمرهم ji'dhin bima'rham; **Lippen~** دهان شفايف dehā'n schefā'jif
Salmiakgeist روح النشادر rōħ en-naschā'dir
Salze (erfrischende) ملح فواكه malħ faωā'kih
Spritze حقنة ħo''na
Tablette قرص 'urß
Tinktur صبغة ßa'bγa
Tropfen قطرة 'a'tra; **Cholera~** كولرا ~ ~ ko'lera; **Magen~** معدة ~ ~ me'ʕde; **Pfefferminz~** نعناع ~ ~ niʕnā'ʕ

Umschlag لبخة la'becha; **einen ~ machen** [~ يعمل ji'ʕmil ~]
Verband رباط rubā't; **einen ~ anlegen (abnehmen)** يربط برباط (يحل الرباط) ji'rbut biruba't (jiħi'll er~); **~zeug** لفة اربطة la'f-fit arbi'ta; **Not~** اسعاف ~ ~ ißʕā'f
Wasserstoffsuperoxyd هد روجين hidrogī'n
Watte قطن 'utn
Zitronensäure حمض ليمون ħimd lemū'n

Arzt und Krankheiten

الحكيم والامراض el-ħakī'm ωil-amrā'd

(Siehe auch Gruppen Apotheke, Körper)

Wie fühlen Sie sich? حاسس بأيه؟ ħā'ßiß bi'ē'?
Fühlen Sie sich nicht besonders? حاسس بنك مش كويس؟ ħā'ßiß ben-nak misch kuωa'j-jiß?

Es geht mir nicht besonders, ich fühle mich schlecht حاسس بخستكة ħā'ßiß bieħaßta'ka

Ich muß den Arzt fragen لازم اروح للحكيم lā'sim arū'ħ lilħakī'm

Können Sie mir einen guten Arzt empfehlen? تقدر تقول لى على واحد حكيم كويس ؟ ti'ʔdar tiʔu'l-li ʕa'le ωā'ħid ħakī'm kuωa'j-jiß?

Wann hat er Sprechstunde? عيادته الساعة كام ؟ ʕija't-tu eß-ßā'ʕa kām?

Was fehlt Ihnen? ايه بيوجعك ؟ ē bijuga'ʕak?

Seit einigen Tagen fühle ich mich nicht wohl بقى لى يوم حاسس بخستكة، baʔā'li jōm ħā'ßiß bieħaßta'ka

Über welche Störungen klagen Sie? بتشتكى من ايه ؟ bitischti'ki min ē?

Haben Sie Schmerzen und wo? حاسس بوجع فين ؟ ħā'ßiß biωa'gaʕ fēn?

Ich habe Augen- (Ohren)schmerzen عندى وجع فى عينى (فى ودنى) ʕa'ndi ωa'gaʕ fi ʕena'j-je (fi ωi'dni)

Der Hals (Kopf, Rücken) tut mir weh رقبتى (راسى، ظهرى) بتوجعنى raʔa'bti (rā'ßi, đa'hri) bituga'ʕni

Ich habe Gliederreißen عندى روماتزم فى الاعضاء ʕa'ndi rumati'sm fil a'ʕđa

Ich habe mir den Magen verdorben معدتى تلفانة meʕdi'ti talfā'ne

Ich habe mich erkältet عندى برد ʕa'ndi bard

Das Atmen wird mir schwer عندى عسر فى النفس ʕa'ndi ʕußr fin-na'faß

Ich habe Bauchschmerzen عندى وجع فى بطنى ʕa'ndi ωa'gaʕ fi ba'ŧni

Haben Sie Stuhlgang? بطنك ماشية كويس ؟ ba'ŧnak ma'schje kuωa'j-jiß?

Schlafen Sie gut? بتنام كويس ؟ bitnā'm kuωa'j-jiß?

Ich leide an Schlaflosigkeit ما بانمش ma bana'msch

Wie ist Ihr Appetit? ازى شهيتك للا كل ؟ es-sa'j schahij-ji'tak lilˀa'kl?

Ich esse sehr wenig باكل قليل خالص bā'kul ˀalī'l chā'liß

Zeigen Sie mir, bitte, Ihre Zunge من فضلك وريني لسانك min fa'đlak ωar-rī'ni lißā'nak

Sie ist belegt ده وسخ de ωi'ßich

Sie müssen sich schonen لازم تعتني بنفسك lā'sim tiˁti'ni bina'fsak

Sie müssen das Bett hüten لازم تلازم الفرش lā'sim tilā'sim el-farsch

Ich habe mir den Fuß verstaucht رجلى مملوخة ri'gli mamlū'cha

Sind Sie wieder gesund (wiederhergestellt)? صحتك كويسة دلوقت؟ ßaħ-ħi'tak kuωaj-ji'ße dilωa'ˀt?

Haben Sie sich gut erholt? خفيت كويس؟ chaf-fē't kuωa'j-jiß?

Anfall نوبة nō'be

anstecken يعدى ji'ˁdi; **~d** معد mu'ˁdi; **Ansteckung** عدوى ˁa'dωa

Arzt حكيم ħakī'm; **praktischer ~** ~ امراض باطنة ~ amrā'đ ba'ŧne; **den ~ holen lassen** ~ يطلب ji'ŧlub ~; **einen ~ zu Rate ziehen** ~ يستشير jißtaschī'r ~; **Nerven~** ~ امراض عصبية ~ amra'đ ˁaßabi'je; **Frauen~** ~ امراض نسا ~ amrā'đ ni'ßa; **Augen~** ~ ~ عيون ˁujū'n; **Zahn~** ~ ~ اسنان aßnā'n; **Spezialist für Nasen-, Ohren- und Halsleiden** اختصاصى فى الانف والودان والزور ichtißā'ßi fil-a'nf ωilωidā'n ωis-sō'r; **Chirurg** جراح gar-rā'ħ

ärztlich طبى ŧi'b-bi

Asthma, Atembeschwerden, -not ربو ra'bu

Ausschlag طفح ŧafħ

Bandwurm الدودة الوحيدة ed-dū'de el-ωaħī'de

Bauchfellentzündung التهاب بريتونى iltihā'b biritō'ni

Behandlung علاج ˁilā'g

bettlägerig راقد فى الفرش rā'ʔid filfa'rsch
Beule ورم ωa'ram
Bewegung حركة ħa'rake; ~ **im Freien** يمشى فى الهوا ji'mschi filha'ωa; **sich ~ machen** يعمل تمرينات ji'ʕmil tamrinā't
Blähung تطليع الارياح tatlī'ʕ el-arjā'ħ
Bleichsucht كلوروز klorō's
blind اعمى a'ʕme
Blinddarmentzündung التهاب الاعور iltihā'b el-a'ʕωar
Blindheit العمى el-ʕa'me
Blut دم dam; **geronnenes** ~ سايل ~ ~ ßā'jil; ~**armut** ~ فقر faʔr ~; ~**sturz** انفجار دموى infigā'r da'maωi; ~**übertragung** نقل ~ naʔl ~; ~**vergiftung** تسمم دموى taßa'm-mum da'maωi; ~**verlust** فقد ~ faʔd ~
Bruch كسر kaßr; ~ **am Unterleib** فتاق fitā'ʔ; **Armbruch (Beinbruch)** كسر الدراع (~ الرجل) kaßr id-dirā'ʕ (~ er-rigl)
Buckel اتب a'tab; ~**ig** بأتب biʔa'tab
Cholera كوليرا ko'lera
Darmkatarrh نزلة معوية na'sle maʕaωi'j-je
Diarrhöe, Durchfall اسهال ißhā'l
Diät حمية ħi'mje; **strenge ~ halten** يعمل ~ ji'ʕmil ~
Diphtheritis دفتريا difte'rje
Einspritzung حقن ħaʔn
Entzündung التهاب iltihā'b; **Augen~, Hals~, Ohren~** ~ العينين; ~ الزور; ~ الودان ~ el-ʕenē'n; ~ es-sōr; ~ el-ωidā'n
Epilepsie, Fallsucht صرع ßa'raʕ
Erkältung برد bard; **Ich habe mich erkältet** اخدت برد acha'tt bard
Erweiterung تمدد tama'd-dud; **Herz~** تمدد القلب tama'd-dud el-ʔalb; **Magen~** تمدد المعدة tama'd-dud el-me'ʕde
Fieber حمى ħu'm-ma; ~ **haben** عنده ~ ʕa'ndu ~; **gelbes, heftiges, hohes, leichtes** ~ ~ صفرا، حادة،

مرتفعة، خفيفة ~ ßa'fra, ħa'd-de, murta'fiʕa, chafī'fe; **~anfall** اصابة بالحمى ißa'be bilħu'm-ma; **~krank** مصاب بالحمى mußā'b bilħu'm-ma; **~mittel** دوا ~ da'ωa ~; **~thermometer** ترمومتر termome'tr; **Sumpf~** ملاريا mala'-rja; **Wechsel~** متقطعة ~ ~ mutaʔat-ti'ʕa

Frostbeulen قشف ʔa'schaf

Frösteln يرتعش من البرد jirte'ʕisch mil-bard

Furunkel خراج chur-rā'g

Gebrechen عاهة ʕā'ha

Gelbsucht يرقان jaraʔā'n

Genesung نقاهة naʔā'he

Gerstenkorn نقطة العيون no'ʔtit el-ʕujū'n

Geschwulst ورم ωa'ram

Geschwür قرحة ʔu'rħa

Gicht نقرس na'ʔraß

Grippe زكام sukā'm

Hämorrhoiden بواسير baωaßī'r

heilen يخف او يشفى jichi'ff *od.* ji'schfe

Heilung شفا schi'fe

heiser مبحوح mabħū'ħ

Heiserkeit بحة ba'ħ-ħa

Herz|fehler مرض القلب ma'rađ el-ʔalb; **~klopfen** نبض ~ nabđ el-ʔalb

Hexenschuß تيبس المفاصل taja'b-buß el-mafā'ßil

hinken, humpeln يعرج ji'ʕrug

Hühnerauge كالو او عين سمكة ka'l-lu *od.* ʕē'n ßa'maka

Husten كحة ko'ħ-ħa; **den ~ haben, husten** يكح jiku'ħħ; **~anfall ~** نوبة nō-bet ~; **~mittel** دوا ~ da'ωa ~; **Keuch~** سعال ديكى ßuʕā'l dī'ki

Hysterie هستريا hißte'rje; **impfen** يطعم jita'ʕ ʕam

Influenza انفلوينزا influωe'nsa

Ischias عرق النسا ʕirʔ en-ni'ßa

Kehlkopfentzündung التهاب الزور iltihā'b es-sōr

Klinik قسم اسبتاليا ʔißm ißbita'lje

Kolik مغص ma'γaß

Krampf تشنج tascha'n-nug; **Krämpfe bekommen** ~ يحصل له jiħßa'l-lu ~
krank عيان ʕaj-jā'n; ~ **werden** يعيى ji'ʕje
Krankenhaus اسبتاليا ißbita'lje; **ins ~ bringen** ~ يودى juωa'd-di ~
Krankheit عيا ʕa'ja; **ansteckende** ~ معد ~mu'ʕdi; **äußere** ~ ~ خارجى cha'rgi~; **ernste** ~ ~ شديد ~ schedīd; **gefährliche** ~ خطر ~ cha'tir; **innere** ~ ~ باطنى ~ ~ ba'tni

Krätze جرب ga'rab
Krebs سرطان ßaraŧā'n
Kur علاج ʕilā'g
lahm, gelähmt اعرج، مشلول a'ʕrag, maschlū'l
Lähmung عرج، شلل ʕa'rag, scha'lal
Leiden شكوى scha'kωa
Lungenentzündung التهاب رئوى iltihā'b ri'aωi
Mandelentzündung التهاب اللوز iltihā'b el-lu'ωas
Masern حصبة ħa'ßba
Massage تدليك tadlī'k
Mattigkeit اجهاد ighā'd
Migräne صداع ßudā'ʕ
Mittelohrentzündung التهاب الودن iltihā'b el-ωidn
Nasenbluten نزيف انف nasī'f a'nfi
nervös عصبى ʕa'ßabi; **nervöser Zustand, Nervosität** حالة عصبية ħā'le ʕaßabi'j-je
Neuralgie وجع الاعصاب ωa'gaʕ el-aʕßā'b
Nierenentzündung التهاب كلوى iltihā'b ka'laωi
Ohnmacht غشيان γaschajā'n; **in ~ fallen, ohnmächtig werden** يغشى عليه ju'γscha ʕale'
Operation عملية ʕamali'j-je; **sich operieren lassen** يتعمل له عملية jitʕimi'l-lu ʕamali'j-je; **betäuben, einschläfern** يبنج jiba'n-nig; **Narkose** بنج bing
Patient مريض marī'đ
Pest طاعون ŧaʕū'n
Pickel, Pustel دمل di'm-mel
Pocken جدرى gi'dri
Puls نبض nabđ, **den ~ fühlen** ~ يجس jigi'ßß ~;

langsamer (schneller, regelmäßiger, unregelmäßiger) ~ بطيء، سريع، منتظم، مش منتظم ~ ~ batī'ʔ, ßarī'ʕ, minta'sim, misch [minta'sim]
Quetschung رض radd
Reißen, Rheumatismus روماتزم rumati'sm
Rezept ريشتا rische't-ta
Gebrauchsanweisung طريقة الاستعمال tarī'ʔit el-ißti'ʕmā'l
Äußerlich (innerlich) anzuwenden يستعمل من الظاهر (من الباطن) jußta'ʕmal min es-sā'hir (min el-bā'tin)
Alle Stunden einen Eßlöffel (Teelöffel) voll كل ساعة معلقة اكل (معلقة شاي) kul ßā'ʕa maʕla'ʔit akl (maʕla'ʔit schā'j)
Rippenfellentzündung التهاب بلوراوى iltihā'b bilurā'ωi
Rose حمرة ħu'mra
Scharlach حمى قرمزية ħu'm-ma ʔirmisi'j-je
schielen يحول ji'ħωil
Schlaflosigkeit ارق a'rak
Schlag (~anfall) صرع ßa'raʕ; der ~ hat ihn gerührt انصاب بالصرع inßā'b biß-ßa'raʕ; hirn~ صرع المخ ßa'raʕ el-much
Schmerz(en) وجع ωa'gaʕ; ~ verursachen ~ يسبب ~ jißa'b-bib ~; ohne ~ ~ بدون ~ bidū'n ~; Kopf ~ الراس ~ ~ er-rāß; Leib~ الجسم ~ ~ el-gißm; Magen~ المعدة ~ ~ el-me'ʕde; Rücken~ الظهر ~ ~ eđ-đahr; Zahn~ الاسنان ~ ~ el-aßnā'n
Schnupfen زكام sukā'm; den ~ bekommen ينزكم jinsi'kim
Schüttelfrost رعشة البرد ra'ʕschit el-bard
Schwachsinn العبط el-ʕa'bat
Schweiß عرق ʕa'raʔ
schwerhörig سمعه تقيل ßa'maʕu tiʔī'l
Schwindel دوخة dō'cha
Schwindsucht سل ßull
schwitzen يعرق ji'ʕraʔ

Seekrankheit دوخة البحر dō'chit-el-baħr
Seitenstechen نغز الجنب naγs el-gamb
Sodbrennen حرقان المعدة ħaraˁā'n el-me'ˁde
Sonnenstich ضربة شمس đa'rbet schamß
Sprechstunde وقت العيادة ωaˀt el-ˁijā'de; **wann hat der Arzt ~?** امتى عيادة الحكيم ؟ imta ˁijā'dit el-ħakī'm
Sprechzimmer اودة الكشف ō'det el-kaschf
Syphilis زهرى su'hri
taub اطرش a'ŧrasch; **~stumm** واخرس ~ ~ we a'chraß
Temperatur حرارة ħarā'ra; **die ~ messen** ~ يقيس jiˀī'ß ~
Tobsucht هذيان hasajā'n
Todeskampf احتضار iħtiđā'r
Tuberkulose سل رئوى ßull ri'ˀaωi
Übel توعك tawa'ˁˁuk; **mir ist ~** انا فنضايق a'na mutađa'jiˀ; **~keit** ضيق đīˀ
Umschlag لبخة la'bcha
Unfall حادثة ħa'dße; **es ist ihm ein schwerer ~ zugestoßen** حصلتله ~ كبيرة ħaßale'tlu ~ kebīra; **~station** محطة اسعاف maħa'ŧŧit ißˁā'f; **abstürzen** يقع ju'ˀˁa; **sich den Arm, das Bein brechen (verrenken)** ذراعه (عضمه) انكسر dirā'ˁu (ˁa'đmu) inka'ßar (itma'lach)[[(اتملخ)]; **erfrieren** يبرد ji'brad; **ertrinken** يغرق ji'γraˀ; **überfahren werden** يندهس jindi'hiß
Untersuchung كشف kaschf; **ärztlich untersucht werden** ينكشف عليه ~ طبى jinki'schif ˁalē' ~ ŧi'b-bi
unwohl محستك micha'ßtik; خستكة chaßta'ka
Verdauungsstörung عسر هضم ˁußr hađm
verkrüppelt مكسح mika'ß-ßaħ
Verletzung اصابة ißā'be; **verrückt** مجنون magnū'n
verstauchen يتملخ jitmi'lich;
Verstopfung امساك imßā'k
Wahnsinn جنون gunū'n
Wartezimmer اودة انتظار ō'det intisā'r

Wassersucht استسقا ißti'ßˀa
weh tun يوجع jū'gaˁ
wund مجروح magrū'ħ; sich die Füße ~ laufen تنجرح رجله tingi'riħ ri'glu
Wunde جرح garħ; eine ~ verbinden يربط ~ ji'rbuŧ ~; eine ~ nähen يخيط ~ jicha'j-jaŧ ~; Brand~ حرق ħarˀ; Quetsch~ رض ~ ~ ra'đ-đi; Schnitt~ قطع ~ ~ ˀa'ŧˁi

Zahn سنة ßi'n-ne; hohler ~ مخرومة ~ ~ machrū'ma; künstlicher ~ صناعية ~ ~ ßinaˁi'j-je; einen ~ behandeln يعالج ~ jiˁā'lig ~; sich einen ~ ziehen lassen يخلع ~ عند الحكيم ji'chlaˁ ~ ˁand el-ħakī'm; ~ einsetzen ~ يركب jira'k-kib ~; ~ plombieren يحشى ~ ji'ħschi ~; den Nerv töten يموت العصب jima'ω-ωit el-ˁa'ßab; ~fleisch لثة la'ßa; ~geschwür دمل لثوى di'm-mel la'ßaωi; ~schmerz وجع ~ ωa'gaˁ ~; ~stein طرطير tartī'r; ~wurzel جدر ~ gidr ~; ~ziehen (schmerzlos) يخلع ~ من غير الم ji'chlaˁ ~ min γēra'lam; Augen~ قدمانية ~ ~ˀud-damani'j-je; Backen~ ضرس dirß Schneide~ قاطعة ~ ~ ˀa'tˁa

Gebiß (künstliches) ضبة عيرة đa'b-ba ˁi're
Krone طربوش tarbū'sch
Plombe حشو ħa'schu; Gold~ دهب ~ ~ da'-hab; Porzellan~ صينى ~ ~ ßī'ni
Schmelz مينا mīna

Badeort, Kurort

حمام، مصحة ħam-mā'm, maßa'ħ-ħa

(Siehe auch Gruppen Café, Restaurant, Eisenbahn, Friseur, Geschäfte, Hotel, Kleidung, Körper, Reise, Sport, Toilettenartikel)

Abreibung تدليك tadlī'k; Abwaschung غسيل γaßī'l
Bad حمام ħam-mā'm; römisches (russisches, türkisches) ~ رومانى، روسي، تركي ~ ~ romā'ni, rū'ßi, tu'rki; ein kaltes (warmes) ~ nehmen

(سخن) ~ بارد ~ ياخذ jā'ehud ~ bā'rid, (ßu'ehn); **Dampf~, Schwitz~** بخار ~ ~ buehā'r; **Fluß~** نهر ~ ~ nahr; **Frei~** فى الهوا الطلق ~ ~ fil-ha'ωa et-tal'; **Fuß~** قدم ~ ~ 'a'dam; **Hallen~** مسقوف ~ ~ maß'ū'f; **Kaltwasser~** ميه باردة ~ ~ ma'j-je ba'rda; **Moor~** طين ~ ~ tīn; **Schwefel~** كبريت ~ ~ kabrī't; **See~** بحر ~ ~ baħr; **Sol~** مالح ~ ~ mā'liħ; **Sonnen~** شمس ~ ~ schamß; **Sprudel~** مياه معدنية ~ ~ mijā'h maˁdani'j-je; **Tauch~** مغطس ma'γtaß; **Wannen~** حوض ~ ~ ħōđ

Bade|anstalt عمومى ~ ~ ˁumū'mi; **~anzug** بدلة ~ ba'dlit ~; **~arzt** حكيم ~ ħakī'm ~; **~frau** حماجية ħam-mamgi'j-je; **~gast** مستحم miß-tiħa'mm); **~haube** عصبة ˁaßba; **~hose** لباس ~ libā'ß ~; **~kur** علاج ~ ˁilā'g ~; **~mantel** برنس bu'rnuß; **~meister** حماجى ħam-ma'mgi; **~ort** محل ~ maħa'll ~; **~salz** ملح ~ malħ ~; **~schuhe** جزمة ~ ga'smit ~; **~tuch** فوطة ~ fū'tit ~; **~wanne** حوض ~ ħōđ ~; **~zeit, ~saison** فصل الحمامات faßl el-ħam-mamā't; **~zelle** خلوة ~ ehi'lωit ~; **~zeug** لوازم ~ lawā'sim ~; **~zimmer** حمام ħam-mā'm

baden يستحمى jißtiħa'm-ma

Bestrahlung علاج الاشعة ˁilā'g el-aschi'ˁ-ˁa

Brause, Dusche دوش du'sch

Brunnen عين ˁēn; **~kur** علاج مياه معدنية ˁilā'g mijā'h maˁdani'j-je; **Mineral~** مياه معدنية ~ ~ mijā'h maˁdani'j-je; **eisenhaltig** فيه حديد fīh ħadī'd

Erholungsheim مصحة نقاهة maßa'ħ-ħet na'ā'ha

Frottierhandtuch كيس تكييس kīß takjī'ß

Heilanstalt مستشفى mußta'schfa

heilen يعالج jiˁā'lig

Heilmethode طريقة علاج tarī''it ˁilā'g

Heilquellen عيون مياه معدنية ˁujū'n mijā'h maˁdani'j-je

Hochfrequenz فصل الزحام fa'ßl es-siħā'm
Kur علاج ˁilā'g; **eine ~ machen** يتعالج jitˁā'lig; **~aufenthalt** ~ مدة mu'd-det ~; **~gast** مريض marī'đ; **~haus** كازينو الحمام kasī'no el-ħam-mā'm; **~ort** ~ محل maħa'll ~; **~taxe** ~ ضريبة đarī'bet ~
Lage موقع mau'ʔiˁ; **geschützte ~** محمى ~ ~ ma'ħmi; **ruhige** هادى ~ ~ hā'di; **sonnige** مشمس ~ ~ mu'schmiß
Massage تدليك tadlī'k; **massieren** يدلك jida'l-lik
Meer بحر baħr
Bucht خليج chalī'g
Felsen, Klippen صخر ßachr
Hai(fisch) سمك قشرة ßa'makʔ i'schre
Seeigel قنفد البحر ʔu'nfud el-baħr
Steine, Steinchen احجار، حصى aħgā'r, ħa'ßa
Wasser ميه ma'j-ja; **klares ~** رايقة ~ ~ ra'jʔa
Packung لف الجسم laff el-gißm
Quelle عين مياه ˁēn mijā'h
Radioaktivität مفعول الراديوم mafˁū'l er-ra'djum
Sand رملة ra'mle
schwimmen يعوم jiˁū'm
Sonne شمس schamß; **~nbad** ~ حمام ħam-mā'm ~
Sprudel ميه معدنية حارة ma'j-ja maˁdani'j-je ħā'r-ra
Strand شط البحر schatt el-baħr; **~korb** كرسى صفصاف ku'rßi ßufßā'f; **~kostüm** ~ بدلة ba'dlit ~; **~schirm** شمسية schamßi-j-je
Trinkhalle محل شرب مياه معدنية maħa'll schurb mijā'ħ maˁdani'j-je

Bank بنك bank

(Siehe auch Gruppen Geschäfte, Handel und Beruf, Maße und Gewichte, Zahlwörter)

abheben: Geld~ يسحب فلوس ji'ßħab fulū'ß
auszahlen يدفع ji'dfaˁ; **in bar** نقدا na'ʔdan; **in Wertpapieren** اوراق مالية aurā'ʔ mali'j-je

Bank|anweisung شيك schēk; **~konto** حساب جارى ħißā'b gā'ri; **~note** بنك نوت bank nōt; **~safe** خزنة cha'sna; **Depositen~** بنك ايداع bank idā'ʕ; **Diskont~** خصم ~ ~ chaßm; **Handels~** تجارى ~ ~ tugā'ri; **Kredit~** تسليف ~ ~ taßlī'f; **Landwirtschafts~** زراعى ~ ~ sirā'ʕi; **Wechsel~** صرف ~ ~ ßarf

Bankier بنكير bankī'r; **deponieren** *(bei einer Bank)* يودع فى بنك jiu'diʕ fi bank

bar: in bar فورى fōri

einkassieren يقبض ji'ˀbađ; **einlösen** يخلص jicha'l-laß

einzahlen يدفع ji'dfaʕ

Geld فلوس fulūs; **falsches** فلوس برانى fulū'ß bar-rā'ni; **~anweisung** امر صرف amr ßarf; **~beutel** كيس فلوس kīß fulū'ß; **~brief** جواب دفع gaωā'b dafʕ; **~schein** بنك نوت bank nōt; **~schrank** خزنة cha'sna; قطعة نقد ˀi'ŧʕit naˀd; **~summe** مبلغ ma'blaγ; **~wechsel** صرف ßarf; **Bar~** نقد naˀd; **Klein~** فكة fa'k-ke; **Papier~** بنك نوت bank nōt

Dollar دولار dolā'r; **Frank(en)** فرنك frank; **Schweizer~** سويسرى ~ ~ ßωi'ßri; **Gulden** فلورين florī'n; **Krone** كرون krōn

Kursiert dies Geld noch? العملة دى لسة ماشية ؟ el-ʕu'mle di li'ß-ßa ma'schje?

Lire ليرة طليانى līre ŧaljā'ni

Mark مرك المانى mark almā'ni

Münze عملة ʕu'mle; **Gold~** ذهب ~ ~ da'hab; **Kupfer~** نحاس ~ ~ niħā'ß; **Silber~** فضة ~ ~ fa'đ-đa; **Pfund** جنيه ginē; **ägyptisches** مصرى ~ ~ ma'ßri; **englisches ~** انجليزى ~ ~ inglī'si

prägen يضرب العملة ji'đrab el-ʕu'mle; **Rubel** روبيل rubēl

Schilling شلن schi'lin; **Währung** العملة الجارية el-ʕu'mle el-ga'rje

Kreditbrief جواب دفع gaωā'b dafʕ; **offener ~** مفتوح ~ ~ maftūħ; **Reise~** سفرى ~ ~ ßi'fari

Kurs (Wechsel~) سعر الصرف ßiʕr eß-ßarf; **wie steht der ~?** كام ~؟ kām ~?; **die Kurse sind gefallen (gestiegen)** الاسعار نازلة (طالعة) el-aßʕā'r na'sla, ṭa'lʕa; **~blatt, ~zettel** كشف الاسعار kaschf el-aßʕā'r; **Tages~** اسعار اليوم aßʕā'r el-jō'm

Scheck شيك schēk; **nicht übertragbarer ~** ~ غير قابل للتحويل ~ γēr'ā'bil lit-taħωī'l; **einen ~ einlösen** يصرف ~ ji'ßrif ~; **~buch** دفتر شيكات da'ftar schekā't; **~ formular** استمارة ~ ißti-mā'rit ~; **Reise~** ~ سفرى ~ ßi'fari

Transfer تحويل taħωī'l

Wechsel كمبيالة kimbijā'le; **einen ~ annehmen (ausstellen od. ziehen, diskontieren, indossieren, protestieren)** يقبل (يحرر، يخصم، يظهر ~، يعمل بروتستو) ji'ʔbal (jiħa'r-rar, ji'eħßim, jisa'h-har ~, ji'ʕmil brote'ßtu); **~zahlbar bei Sicht (bei Verfall)** ~ تدفع بمجرد التقديم (عند الاستحقاق) ~ tu'dfaʕ bimuga'r-rad et-taʔdī'm (ʕind el-ißtiħʔā'ʔ)

wechseln يصرف ji'ßrif; **Können Sie mir wechseln?** تقدر تصرف لى ؟ tiʔdar tißri'f-li ?

Wechselstube محل صرف maħa'll ßarf

Wert قيمة ʔīma; **~papier** اوراق مالية aurā'ʔ mali'j-je; **~sachen** اشياء ثمينة aschjā'ʔ ßamī'na

zahlen يدفع ji'dfaʕ

Café, Restaurant, Konditorei

قهوة. مطعم. محل حلوانى

ʔa'hωa, ma'tʕam, maħall ħalaωā'ni

(Siehe auch Gruppen Essen und Trinken, Geschäfte, Getränke, Hotel, Speisen, Sport, Vergnügen)

Bonbons ملبس mila'b-biß; **Erfrischungs~** كراملا karami'l-le; **Husten~** ~ كحة ~ ko'ħ-ħa; **Pfefferminz~** ~ نعناع ~ niʕnā'ʕ

Blätterteig فطير fitī'r
Brötchen: belegtes ~ سندويتش ßandωi'tsch
Café قهوة ʔa'hωa
Eis جيلاتى gila't-ti; **~waffeln ~** بسكوت baßkō't ~;
Ananas~ اناناس ~ ~ ananā'ß; **Erdbeer~** فراولة ~
~ farau'la; **Himbeer~** توت ~ ~ tūt; **Nougat~**
جوز ~ ~ gōs; **Pfirsich~** خوخ ~ ~ chōch;
Sahne~ كريمة ~ ~ krē'ma; **Schokoladen~**
شكولاطة ~ ~ schokolā'ta; **Vanille~** فانليا ~
~ vani'lja; **Zitronen~** لمون ~ ~ lamū'n;
Frucht~ فواكه ~ ~ faωā'kih; **gemischtes ~**
مشكلة ~ ~ mischak-ki'le

Früchte (kandierte) فواكه مسكرة faωā'kih mißak-ka'ra
Gebäck جاتو gatō; **Anis~** ينسون ~ ~ janßū'n;
Mandel~ لوز ~ ~ lōs; **Mürbe~** طرى ~ ~ ta'ri
Honig عسل ʕa'ßal
Kaffee قهوة ʔa'hωa; **starker, schwarzer ~ (ohne Milch)** (من غير لبن) ثقيلة، سودا، ~ ~ tiʔī'le, ßō'de (min γē'r la'ban); **~ mit heißer Milch** بلبن سخن ~ ~ bila'ban ßuchn; **~ mit Rum** بالروم ~ ~ bir-rū'm; **~haus** قهوة ʔa'hωa;
Milch~ باللبن ~ ~ bil-la'ban
Kakao كاكاو kaka'u; **Keks** بسكويت baßkaωī't
Konditor حلوانى ħalaωā'ni; **Konditorei** محل حلوانى maħa'll ħalaωā'ni

Kuchen جاتو gatō; **kleine** بتى فور peti fūr;
Kirsch~ بالكراز ~ ~ bilkirā's; **Leb~, Pfeffer~**
بالجنزبيل ~ ~ bilgansabī'l; **Mandel~** باللوز ~
~ bil-lō's; **Pflaumen~** بالبرقوق ~ ~ bilbarʔūʔ;
Sand~ سابليه ~ ~ sablē'
Marmelade مربى mira'b-ba
Milch لبن la'ban; **frische (kalte, warme) ~** (بارد، سخن) طازة، ~ ~ ta'se, (bā'rid, ßuchn);
~händler لبان lab-bā'n; **~handlung, ~stube** محل بيع لبن maħa'll bēʕ la'ban
Sahne قشطة ʔi'schta; **Schlag~** كريم شانتييه krēm schanti'j-ji

Schokolade شكولاطة schokolā'ŧa; **eine Tafel ~** ~ قالب ʾā'lib ~; **Eis~** ~ جيلاتى gila't-ti ~; **Nuß~** ~ ~ بالبندق bilbi'nduʾ
Süß حلو ħi'lu; **süßen** يحلى jiħa'l-li; **~igkeiten** حلويات ħalaωij-jā't
Tee شاى schā'j; **chinesischer ~** ~ صينى ~ ßī'ni; **grüner ~** ~ اخضر ~ a'ehđar; **indischer** ~ هندى ~ hi'ndi; **schwacher ~** ~ خفيف ~ ehafī'f; **schwarzer, starker** ~ اسود، تقيل ~ tiʾī'l, i'ßωid; **~ mit Milch, Rum, Zitrone,** ~ باللبن، بالروم، بالمون ~ bil-la'ban, bir-rū'm, bil-lamū'n; **den ~ ziehen lassen** ~ يخلى يخرج ~ jieha'l-li ~ ji'ehrig; **~gebäck** كيك kēk; **~stube** ~ صالة ßā'lit ~; **Nachmittags~** ~ بعد الظهر ~ ba'ʿd eđ-đuhr; **Tanz~** ~ راقص ~ rā'ʾiß
Torte تورتة to'rta; **Törtchen** خرطة eha'rtit ~
Zucker سكر ßu'k-kar; **ein Stück** ~ حتة ħi't-tit ~; **~dose** سكرية ßu'k-kari'j-je; **~zange** ~ ملقاط mulʾā'ŧ ~; **Streu~** ~ ناعم ~ nā'ʿim; **Möchten Sie viel (wenig)** ~? عاوز ~ كتير (شوية)؟ ʿā'ωis ~ ketī'r (schuωa'j-je)?

Eisenbahn السكه الحديد eß-ßi'k-ke el-ħadī'd

(Siehe auch Gruppen Post, Reise, Stadt, Land, Verkehrsmittel, Zeit, Zahlwörter)

abfahren يسافر jißā'fir; **wann fahren Sie ab?** امتى مسافر؟ imta mißā'fir?; **von welchem Bahnsteig fährt der Zug nach ... ab?** من انهو رصيف ~ القطر ... min a'nhu raßī'f ~ el-ʾaŧr ...?; **mein Zug fährt um ... ab** ... قطرى ~ الساعة ʾaŧri ~ eß-ßā'ʿa ...
Abfahrt سفر ßa'far; **~ssignal** ~ اشارة ischā'rit ~; **~szeit** ~ وقت ωaʾt ~; **~szeiten** ~ مواعيد ma-ωaʿī'd ~
ankommen يوصل jū'ßal; **wann kommen wir** امتى نوصل؟ i'mta nū'ßal?

Ankunft وصول ωußū'l; **bei meiner ~** عند وصولى ʕind ωußū'li; **~szeit** ~ وقت ωaʔt ~; **~szeiten** ~ مواعيد maωaʕī'd ~

Anschluß مواصلة muωa'ßle; **haben wir ~ in ...?** فيه ~ عند ...؟ fīh ~ ʕandʔ ...

Aufenthalt وقوف ωuʔū'f; **wie lange haben wir ~?** قد ايه يوقف القطر؟ a'ddi ē jū'ʔaf el-ʔaṭr?; **fünf Minuten ~** يوقف خمس دقايق jū'ʔaf cha'meß daʔā'jiʔ

Ausgang خروج churū'g

Auskunftsbüro مكتب استعلامات ma'ktab ißtiʕla-mā't; **wenden Sie sich an das ~** روح rūħ ~

aussteigen ينزل ji'nsil; **sagen Sie mir bitte, wo ich ~ muß** من فضلك قل لى انزل فين min fa'đlak u'l-li a'nsil fēn

Bahn سكه حديد ßi'k-ke ħadī'd; **mit der ~ fahren** يسافر بالسكة الحديد jißā'fir biß-ßi'k-ke lħadī'd; **~übergang** تعدية القضبان taʕdi'jet el-ʔuđbā'n; **~wärter** ~ غفير γafī'r ~; **~wärterhäuschen** كشك الغفير kuschk el-γafi'r; **Berg~** جبلية ~ ~ gabali'j-je; **Drahtseil~** سلكية ~ ~ ßilki'j-je; **Haupt~** كبيرة ~ ~ kebī'ra; **Klein~** ضيقة ~ ~ đaj-ja'ʔa; **Ring~** دايرة ~ ~ da'jra; **Stadt~** مترو me'tru; **Untergrund~** تحت الارض ~ ~taħt el-arđ; **Verbindungs~** مواصلة ~ ~ muωa'ßla; **Zahnrad~** بعجل مشرشر ~ ~ biʕa'gal mischa'r-schar

Bahnhof محطة سكة حديد maħ'ṭit ~; **~shalle** حوش ~ ħōsch ~; **~srestaurant** ~ مطعم ma'ṭʕam ~; **~svorsteher** ~ ناظر nā'ẓir ~; **Güter~** البضايع ~ ~ el-badā'jiʕ; **Haupt~** الكبيرة ~ ~ el-kebī'ra

Bahnsteig رصيف raßī'f; **~karte** ~ تذكرة taska'rit ~

Bestimmungsort محطة نزول maħa't-ṭit nisū'l

Büfett بوفيه bufē'h; **Reisekörbchen** سبت اكل ßa'bat akl

Eingang مدخل ma'dchal; **Haupt~** رئيسى ~ ~ raʔī'ßi; **Seiten~** جانبى ~ ~ gā'nibi; **einsteigen** يركب ji'rkab

Eisenbahn|brücke كبرى سكة حديد ku'bri ßi'k-ke ħadī'd; **~unglück** ~ حادث ħā'diß ~; **Entfernung** مسافة maßā'fa

Ermäßigung تخفيض tachfī'đ; **~ für Ausländer** للاجانب ~ ~ lilʔagā'nib; **50%** ~ ٥٠ ~ خمسين فى الميّة chamßī'n fil-mi'j-je

Fahrkarte تذكرة ركوب taska'rit rukū'b; **eine ~ nach ... lösen** يقطع ~ ل ji'ʔtʕ ~ li ...; **eine ~ erster (zweiter, dritter) Klasse** ~ بريمو (سيكوندو، ترسو) ~brī'mu, ßeku'ndu, te'rßu; **die Fahrkarten bitte!** التذاكر من فضلكم et-tasā'kir min fađlu'kum!; **einfache ~** ~ كاملة ~ ka'mle; **ermäßigte ~** مخفضة ~ ~ muchaf-fa'đa; **kann ich eine direkte ~ bis ... bekommen?** اقدر اخذ ~ طوالى ل ... aʔ'dar ā'chud~ ŧaωa'li li...; **Abonnements|karte, Zeit~** اشتراك، ابونيه ischtirā'k *od.* abonē; **Freifahr~** مجانى ~ ~ mag-gā'ni; **Kinderfahr~** اطفال ~ ~ aŧfā'l; **Rückfahr~** ذهاب وإياب ~ ~ sahā'b ωeʔijā'b; **Rundreise~** سياحة ~ ~ ßijā'ħa; **Schlafwagen~** عربية نوم ~ ~ ʕarabi'j-jit nōm; **Sonntagsfahr~** يوم حد ~ ~ jōm ħadd; **Wochenendfahr~** آخر الاسبوع ~ ~ ā'chir el-ußbū'ʕ; **Zuschlag~** اضافية ~ ~ iđafi'j-je

Fahrkarten|kontrolleur مفتش تذاكر mufa't-tisch tasā'kir; **~schalter** ~ شباك schib-bā'k~; **gültig für ... | ...** ماشى ل ... ma'schje li ...; **Gültigkeitsdauer** مدة الصلاحية mu'd-det aß-ßalaħi'j-je; **wie lange ist meine Fahrkarte gültig?** تذكرتى ماشية لحد امتى؟ taska'rti ma'schje liħa'dd i'mta?; **nachlösen** يمد jimi'dd; **Nachzahlung** دفع الفرق dafʕ el-farʔ; **Rückzahlung** استرداد ißtirdā'd; **Zuschlaggebühr** اجرة اضافية u'gra iđafi'-j-je

Fahrplan جدول مواعيد ga'dωal maωaʕī'd; **im ~ nachsehen** يبحث فى ~ ji'bħaß fi~; **~mäßig** حسب ال ~ ħa'ßab el ~; **Sommer~** الصيف ~ ~ aß-ßēf; **Winter~** الشتا ~ ~ esch-schi'ta

Fahrpreis اجرة u'gra; ermäßigter ~ مخفضة ~ ~ mu chaf-fa'đa;

Fahrt سفر ßa'far; ~unterbrechung ~ قطع ʔa'tʕ ~; die ~ unterbrechen ~ يقطع ji'ʔtaʕ ~

Geleise قضبان ʔuđbā'n; die ~ überschreiten ~ يعدى ال jiʕa'd-di el ~

Gepäck شنط schu'nat; leichtes ~ خفيفة ~ ~ chafī'fe; schweres ~ ثقيلة ~ ~ tiʔī'le; das ~ vorausschicken (als Eilgut, als Frachtgut) تبعت ~ (بالمستعجل، بضاعة) tinbi'ʕit ~ (bilmißta'ʕgil, biđa'ʕa); Holen Sie mein ~! روح جيب شنطى! rūh gib schu'nati!; das ~ aufgeben يسجل ال ~ jißa'g-gil esch ~; bringen Sie unser ~ nach ... هات شنطنا على ... hāt schuna'tna ʕa'le ...; ~abfertigung, ~annahme مكتب ارسال استلام ال ~ ma'ktab irßā'l, ißtilā'm esch ~; ~aufbewahrung ~ مكتب امانات ال ma'ktab amanā't esch~; ~aufgabe مكتب تسجيل ال ~ ma'ktab taßgī'l esch~; ~ausgabe مكتب تسليم ال ~ ma'ktab taßlī'm esch~; ~netz شبكة ال ~ scha'bakit esch~; ~schein تذكرة ال ~ taska'rit esch~; ~träger شيال schaj-jā'l; ~wagen عربية ال ~ ʕarabi'j-jit esch~; Hand~ ايد ~ ~ īd

Haltestelle محطة وقوف maħa't-tit ωuʔū'f

Hutschachtel علبة برانيط ʕi'lbit baranī't

Karton, Pappschachtel كرتون kartō'n

Kissen مخدة mi cha'd-de; Luft~ مخدة هوا mi cha'd-dit ha'ωa

Kiste صندوق ßandū'ʔ

Klasse درجة da'raga; Abteil (Fahrkarte, Wagen, Wartesaal) 1., 2., 3. ديوان (تذكرة، عربية، اودة انتظار) اولى، ثانية، ثالثة diωā'n (taska'ra, ʕara-bi'j-je, ō'dit intisā'r) ū'la, tā'nja, ta'lta

Koffer (Reise~) شنطة scha'nta; Hand~ شنطة ايد scha'ntit īd

Kontroll|e تفتيش taftī'sch; ~stempel ~ ختم chitm ~

Kontrolleur مفتش mifa't-tisch

kontrollieren يفتش jifa'ŧ-tisch
Korb سبت ßa'bat
Kursbuch جدول سكة حديد ga'dωal ßi'k-ke ħadī'd
Linie خط chaŧŧ; **Anschluß~** ~ مواصلة ~ muωa'ßle
Lokalverkehr حركة محلية ħa'rake maħal-li'j-je
Lokomotive وابور ωabū'r; **Lokomotivführer** سواق ßaω-ωā'ˀ

Monatskarte تذكرة اشتراك taska'rit ischtirā'k
Paket طرد ŧard
Reisedecke بطانية سفر baŧ-ŧani'j-jit ßa'far
Reisekissen مخدة سفر micha'd-dit ßa'far
Reisender مسافر mißā'fir; **Schaffner** كمسارى kumßā'ri
Rucksack شنطة ظهر scha'nŧit đahr
Schalter شباك schib-bā'k; **der ~ ist geöffnet (geschlossen)** ال ~ مفتوح (مقفول) esch~ maftū'ħ, maˀfū'l; **Fahrkarten~** ~ تذاكر ~ tasā'kir
Schiene قضيب ˀađī'b; **Signal** اشارة ischā'ra
Sondervergünstigungen تسهيلات خاصة taßhilā't cha'ß-ßa
Sperre تفتيش taftī'sch
Sonntagsrückfahrtkarte تذكرة حد ذهاب واياب taska'rit ħadd sahā'b ωiˀijā'b
Station محطة maħa'ŧ-ŧa; **an der nächsten ~ müssen Sie aussteigen** لازم تنزل فى ال ~ الجاية lā'sim ti'nsil fil~ el-ga'j-je; **~svorsteher** ~ ناظر nā'sir ~; **End~** ~ نهائية ~ nihaˀi'j-je; **Grenz~** ~ حدود ~ ~ŧit ħudū'd

Strecke خط chaŧŧ; **Tarif** تعريفة taʕrī'fe
Tasche كيس kīß
Tunnel نفق na'faˀ; **durch einen ~ fahren** ~ يمر فى jimu'rr fi ~

umsteigen يغير القطر jiγa'j-jar el-ˀaŧr; **wo muß ich ~?** فين اغير القطر ؟ fēn aγa'j-jar el-ˀaŧr?
~ nach Assuan ~ لأسوان ~ li-aßωā'n; **muß ich hier nach Luxor ~?** لازم اغير القطر هنا عشان اروح لوقصر ؟

lā'sim aγa'j-jar el-ˀatr hi'na ˁaschā'n arū'ħ lu'ˀßur?

Übergewicht زيادة وزن sijā'dit ωasn

Unterführung سكة تحتانية ßi'k-ke taħtān'j-je

Verbindung مواصلة muωa'ßle

Vergnügungsreisender سواح ßaω-ωā'ħ

Verspätung تأخير taˀ ehī'r

Wagen (Eisenbahn~) عربية ˁarabi'j-je; **direkter ~, durchgehender ~** طوالى ~ ~ taω-ωā'li; **Güter~, Pack~** بضاعة ~ ~jit biđā'ˁa; **Personen~** ركاب ~ ~jit ruk-kā'b; **Schlaf~** نوم ~ ~jit nōm; **Speise~** اكل ~ ~jit akl; **Trieb~** ترولى trō'li; **Vieh~** مواشى ~ ~jit maωā'schi; **Abort W. C.** بيت راحة bēt rā'ħa; **besetzt** مشغول maschγū'l; **frei** فاضى fā'đi; **Abteil** ديوان diωān; **das ~ ist leer, (besetzt, reserviert)** ~ ده فاضى (مشغول، محجوز) ~ de fā'đi, (maschγū'l, maħgū's); **für Nichtraucher** مش للتدخين misch lit-tad ehī'n; **für Raucher** للتدخين lit-tad ehī'n; **Bank** كرسى ku'rßi; **Holz~** خشب ~ ~ eha'schab; **Leder~** جلد ~ ~ gild **Bremse** فرملة farma'la; **Fenster** شباك schib-bā'k; **das ~ öffnen (schließen)** يفتح (يقفل) ال ~ ji'ftaħ (ji'ˀfil)esch~; **zum ~ hinaussehen** يبص من الشباك jibu'ßß misch-schib-bā'k; **sich zum ~ hinauslehnen** يطل من ال ~ jitu'll misch~; **es zieht** فيه تيار هوا fīh taj-jā'r ha'ωa; **Heizung** تدفئة tadfi'ˀa; **Netz** شبكة scha'baka; **ins ~ legen** يحط فى ~ jiħu'tt fi ~; **Notbremse** فرملة احتياطى farma'la iħtijā'ti **Platz** محل maħa'll; **einen ~ belegen** ~ يحجز ji'ħgis ~; **ist dieser ~ besetzt (frei)?** ال ~ ده مشغول (فاضى)؟ el~ de maschγū'l (fā'đi)?; **hier noch** فيه هنا ~ زيادة؟ fīh hi'na ~ sijā'de?; **es ist kein ~ mehr** مابقاش فيه محلات ma baˀā'sch fīh maħal-lā't; **Eck~** ركن ~ ~ rukn; **Sitz~** جلوس ~ ~ gulū'ß; **Steh~** وقوف ~ ~ωuˀ'ūf

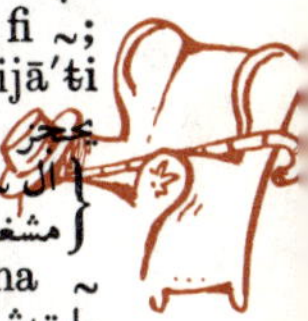

Trittbrett سلم ßi'l-lim; **Vorhang** ستارة ßitā'ra

(Wagen-) Tür باب bāb; **sich nicht an die ~ lehnen** مايملش عل ~ ma jimi'lsch ʕal-bā'b; **die ~ öffnen (schließen)** يفتح (يقفل) ال ~ ji'ftaħ (ji'ʔfil) el~

Wartesaal اودة انتظار ō'đet intisā'r

Weiche محولة miħωa'la; **~nsteller** محولجى miħωa'lgi

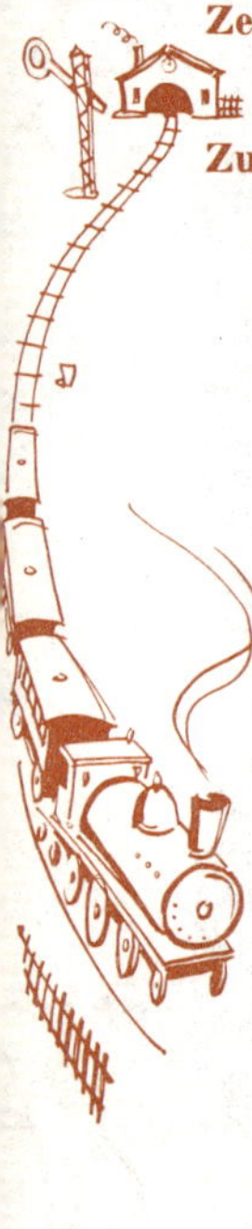

Zeitungverkäufer بياع جرايد baj-jā'ʕ garā'jid; **Haben Sie deutsche Zeitungen?** عندك جرايد المانى ʕa'ndak garā'jid almā'ni?

Zug قطر ʔatr; **direkter, durchgehender ~** ~ طوالى ~ ŧaω-ωā'li; **der ~ geht ab (hält, fährt durch, kommt an)** ال ~ يسافر، (يوقف، يمشى طوالى، يوصل) el~ jißā'fir, (ju'ʔaf, ji'mschi ŧaω-ωā'li, jū'ßal) **den ~ erreichen (verpassen)** يلحق (يفوت) ال ~ ji'lħaʔ, (jifū't) el~; **mit welchem ~ wollen Sie fahren?** تحب تسافر بأى ~؟ tiħi'bb tißā'fir bi ajj ~?; **der ~ hat keinen Anschluß** ال ~ مالوش مواصلة el~ malū'sch muωa'ßla; **der ~ hat keine dritte Klasse** ال ~ مافيهش درجة تالتة el~ mafi'hsch da'raga ta'lta; **ist dies (wo ist) der ~ nach ...? ...** ده (فين) ال ~ بتاع de (fēn) el ~ bitā'ʕ ...?; **von welchem Geleise fährt der ~ nach ... ab?** من اى قضيب يقوم ~؟ min ajj ʔađī'b jiʔū'm ~ ...?; **ist der ~ nach ... schon eingefahren** ~ ... دخل؟ ~ ... da'chal?; **der ~ kommt in fünf Minuten** ال ~ يوصل بعد خمس دقايق el~ jū'ßal ba'ʕd cha'maß daʔā'jiʔ; **der ~ hat eine Stunde Verspätung** ال ~ متاخر ساعة el ~ mitʔa'ch-char ßā'ʕa; **~führer** كمسارى ال ~ kumßā'ri el~; **Blitz~** ~ البرق ~ el-ba'rʔ; **Bummel~** ~ قشاش ~ ʔasch-schā'sch; **Eil~** ~ مستعجل ~ mißta'ʕgil; **Ferien~** ~ عيد ~ ʕī'd; **Fernschnell~** ~ سريع ~ ßarī'ʕ; **Güter~** ~ بضاعة ~ biđā'ʕa; **Personen~** ~ ركاب ~ ruk-kā'b; **Schnell~** ~ سريع ~ ßarī'ʕ; **Sonder~** ~ مخصوص ~ machßū'ß; **Vorort~** ~ ضواحى ~ đaωā'ħi

Essen und Trinken

الاكل والشرب el-ʾakl wesch-scho'rb

(Siehe auch Gruppen Café, Restaurant, Konditorei, Getränke, Hotel, Sport, Vergnügungen)

Ich möchte etwas essen (trinken) عاوز آكل (اشرب) حاجة ʕā'ωis ā'kul (a'ṣchrab) ħa'ga

Ich habe großen Hunger (Durst) انا جعان قوى (عطشان) a'na gaʕā'n ʾa'ωi (ʕatschā'n)

Ich habe keinen Appetit ماعنديش نفس للاكل ma ʕandī'sch nafß lilʾa'kl)

Haben Sie schon zu Mittag (Abend) gegessen? اتغديت (اتعشيت)؟ itγad-dē't (it ʕasch-schē't)?

Ich bin zum Mittagessen eingeladen انا معزوم عالغدا ana maʕsū'm ʕalγa'da

Ich werde ins Restaurant gehen رايح للمطعم rā'jiħ lilma'ŧʕam

Sich zu Tisch setzen يقعد عالسفرة jo'ʾʕud ʕaß-ßo'fra

Hallo! (Hören Sie!) (اسمع!) ! هالو halō! (i'ßmāʕ!)

Kellner جرسون garßō'n

Wer bedient hier? مين بيخدم هنا؟ mīn bijcha'd-dim hi'na?

Bringen Sie mir die Speisekarte! هات اللستة hāt el-li'ßta

Kann man hier Menü essen? فيه عندكم اكلة محددة؟ fī andu'kum a'kla muħad-da'da?

Was darf ich bringen? اجيب لك ايه؟ agī'b lak ē?

Was gibt es? عندك اية؟ ʕa'ndak ē?

Was empfehlen Sie mir? توصى بايه؟ tuωa'ß-ßi bi ē'?

Was ist fertig? عندك ايه جاهز؟ ʕa'ndak ē gā'his?

Sie können . . . bekommen . . . تقدر تاخد tiʾdar tā'chud . . .

Was für Suppe wünschen Sie? تحب شوربة ايه؟ tihi'b schu'rbit ē?

Trinken Sie Wein oder Bier? تشرب نبيت ولا بيرة؟ ti'schrab nibī't ωa'l-la bi'ra?

Weißen oder roten Wein? نبيت ابيض ولاّ احمر؟ nibī't a'bjađ ωa'l-la a'ħmar?

Ein Viertel Rotwein! ربع نبيت احمر ru'bˤ nibī't a'ħmar

Bringen (geben) Sie mir ..... هات لى (ادينى) hā't-li (id-dī'ni) ...

Darf ich Ihnen ... anbieten? اجيب لك ؟ ... agi'blak ...?

Ich ziehe ... vor ... انا افضل a'na afa'đ-đal ...

Guten Appetit! بالهنا و الشفا bilha'na wisch-schi'fa

Danke, gleichfalls! اشكرك، بالصحة aschko'rak, biß-ßi'ħ-ħa

Dürfte ich Sie um ... bitten? اقدر اترجاك فى ... ؟ a'ˀdar atrag-gā'k fi ...?

Reichen Sie mir das Salz, bitte! من فضلك ناولنى الملح min fa'đlak naωi'lni el-malħ

Langen Sie zu! اتفضل itfa'đ-đal

Noch etwas Milch (Sahne)? اجيب كمان لبن (قشطة) ؟ agi'b kamā'n la'ban (ˀi'schŧa)?

Möchten Sie eine Tasse Kaffee (Schokolade, تحب فنجال قهوة (شكولاطة، شاى)؟ tiħi'bb fingā'l ˀa'hωa (schokolā'ŧa, schā'j)?

Nein, ich danke لا اشكرك laˀ, aschko'rak

Lassen Sie sich nicht nötigen ماتعملش تكليف ma tiˤmi'lsch taklī'f

Trinken Sie Ihr Glas aus اشرب كبايتك i'schrab kub-ba'jtak

Was suchen Sie? بتدور على ايه؟ bitda'ω-ωar ˤaleē?

Ich habe kein Messer (keine Gabel, Serviette) ماعنديش سكينة (شوكة، فوطة) ma ˤandī'sch ßik-kī'ne (schō'ka, fū'ŧa)

Hier fehlt ein Teller هنا ناقص طبق hi'na nā'ˀiß ŧa'baˀ

Auf Ihr Wohl! فى صحتك fi ßiħ-ħi'tak

Ich habe gut gespeist انا اكلت كويس a'na aka'lt kuωa'j-jiß

Kellner, (ich möchte) zahlen, die Rechnung! جرسون الحساب! garßō'n el-ħißā'b!

Wieviel macht es? كام الحساب kām el-ħißā'b
Das stimmt nicht ده مش تمام de misch tamā'm
Ich habe nur ... gehabt انا اخـدت بـس ... a'na aȼħa'tt baßß ...
Sie haben zuviel berechnet الحساب زيادة el-ħißā'b [sijā'de]
Das ist für Sie ده علـشانك de ʕaleschā'nak
Waren Sie zufrieden? انبسطت؟ inbaßa'ŧŧ?

Ausschank محل بيرة maħa'll bīra; **Wein∼** خمارة ȼħam-mā'ra
Brauerei معمل بيرة ma'ʕmal bīra
essen ياكل jā'kul; **das Essen** الأكل el-ʔakl; **Fest∼** عزومة ʕusū'ma; **nach der Karte essen** ياكل بالطلب jā'kul biŧ-ŧa'lab; **Abend∼,** عشا ʕa'scha; **zu Abend** يتعشى jitʕa'sch-scha; **Mittag∼** غدا γa'da; **zu Mittag ∼** يتغدى jitγa'd-da
Frühstück فطور fuŧū'r; يفطر ji'fŧar; **Menü** اكلة محدودة a'kla maħdū'de; **Table d'hote** تابل دوت tabł dōt

Gericht (Gang) طبق ŧa'baʔ; **kaltes (warmes) ∼** ∼ بارد (سخن) ∼ bā'rid (ßuȼħn); **Bei∼** جارنيتور garnitū'r; **Leib** ∼ محبوب ∼ maħbū'b; **Spezial∼** ∼ مخصوص ∼ maȼħßū'ß; **Tages∼** ∼ اليوم ∼ eljōm; **Vor∼** ∼ اول ∼ a'ω-ωal
Geruch ريحة rī'ħa; **angenehmer ∼** ∼ كويسة ∼ kuωaj-ji'ße; **unangenehmer ∼** ∼ وحشة ∼ ωi'ħsche
Geschmack طعم ŧaʕm; **angenehmer (fader, scharfer) ∼** ∼ كويس (مالوش، حراق) ∼ kuωa'j-jiß malū'sch, ħar-rā'ʔ
Es schmeckt angenehm (bitter, herb, sauer, süß) طعمه لطيف (مر، حامض، مز، حلو) ŧaʕmu laŧī'f (murr, ħā'miđ, miss, ħi'lu)
Es schmeckt köstlich (ausgezeichnet) طعمه لذيذ (عظيم) ŧaʕmu lasī's, (ʕaŧī'm)
Wie schmeckt Ihnen ...? ازى لقيت ∼ ...؟ es-sā'j laʔē't ∼ ...?

Es schmeckt mir ausgezeichnet كان طعمه لذيذ kān ŧa'ˁmu lasī's

kauen يمدغ ji'mduγ
Kellner جرسون garßō'n; **~in** جرسونة garßō'ne; **Ober~** ريس ra'j-jiß
Koch طباخ ŧab-bā'ch; **Köchin** طباخة ŧab-bā'cha
kochen يطبخ ji'đbuch; **kosten, probieren** يدوق jidū'ˀ

Küche مطبخ ma'đbach
Lokal: Bier~ محل بيرة maħa'll bīra; **Nacht~** كباريه kabarē'; **Wein~** خمارة cham-mā'ra
Portion واحد، طبق ωā'ħid *od.* ŧa'baˀ
Restaurant مطعم ma'ŧˁam; **Schänke** محل عمومى maħa'll ˁumū'mi
servieren يخدم jicha'd-dim
Speise(n) اكل akl; **kalte (warme) ~** ~ بارد (سخن) ~ bā'rid (ßuchn); **~karte** ~ لستة li'ßtit ~
Speisehaus مطعم ma'ŧˁam; **vegetarisches ~** ~ خضراوات ~ chuđraωā't
Tisch سفرة ßu'fra; **bei ~** عالسفرة ˁaß-ßu'fra; **den ~ decken** يفرش ال ~ ji'frisch eß ~; **~geräte** ادوات ~ adaωā't eß ~; **~nachbar** جار ال ~ gār eß ~
Becher كاس kāß; **Besteck** سرفيس سفرة ßerwī'ß ßu'fra
Brett صنية ßini'j-je; **Kaffee~, Tee~** ~ قهوة، شاى ~ ßini'j-jit ˀa'hωa, ~ schā'j
Brotkörbchen سبت عيش ßa'bat ˁēsch
Eierbecher كاس بيض kāß bēđ
Essig- und Ölständer الخل والزيت el-chall ωes-sēt

Flasche قزازة ˀisā'se; **eine ~ Wein** ~ نبيت ~ nibī't; **halbe ~** ~ نص ~ nußß ~; **eine ~ aufmachen** ~ يفتح ji'ftaħ ~; **Bier~** ~ بيرة ~ bīra; **Wasser~** ~ ميه ~ ma'j-ja
Gabel شوكة schō'ka
Gedeck سرفيس سفرة ßerwī'ß ßu'fra
Glas كباية kub-bā'je; **ein ~ Bier (Wein)**

~ بيرة (نبيت) ~ bī'ra (nibī't); **Wasser~** ~ ميه ~ ma'j-ja; **Wein~** ~ نبيت ~nibī't; **Likör~** ~ ليكير ~likē'r

Kanne بكرج ba'krag; **Kaffee~** كنكة قهوة ka'-nekit ˀa'hωa; **Milch~** بكرج لبن ba'krag la'ban; **Tee~** بكرج شاى ba'krag schā'j

Karaffe كاراف او دورق karā'f *od.* dō'raˀ

Käseglocke غطا طبق جبنة γa'ŧa ŧa'baˀ gi'bne

Kork(en)zieher بريمة bar-rī'me

Löffel معلقة maʕla'ˀa; **Eß~** ~ اكل ~ akl; **Tee~** ~ شاى ~ schā'j

Messer سكينة ßik-kī'ne; **scharfes ~** ~ حامية ~ ħa'mje; **stumpfes ~** ~ متلمة ~ mital-li'me; **das ~ schneidet nicht** ال ~ مش بتقطع es ~ misch biti'ˀŧaʕ

Nußknacker كسارة kaß-ßā'ra

Salznapf ملاحة mal-lā'ħa

Schale صحن ßaħn; **Frucht~** ~ فواكه ~ faωā'kih

Schüssel طبق ŧa'baˀ; **Salat~** ~ سلطة ßa'laŧa; **tiefe ~** ~ غويط ~ γaωī'ŧ

Senfnäpfchen وعاء خردل ωiʕā'ˀ cha'rdal

Service سرفيس ßerωī'ß

Serviette فوطة fū'ŧa

Sieb مصفى (ma'ßfa); **Suppen~, Tee~** ~ شوربة، شاى ~ schu'rbe, schā'j

Suppen|schüssel سلطانية شوربه ßultani'j-jit schu'rbe; **~teller** طبق شوربة ŧa'baˀ schu'rbe

Tablett صنية ßini'j-je

Tasse فنجال fingā'l; **Kaffee~** ~ قهوة ~ ˀa'hωa; **Tee~** ~ شاى ~ schā'j; **Unter~** ~ صحن ßaħn ~

Teller صحن ßaħn

Tischtuch مفرش ma'frasch; **sauberes (schmutziges) ~** ~ نضيف (وسخ) ~ niđī'f, (ωi'ßich)

Topf بكرج ba'krag; **Milch~** ~ لبن ~ la'ban

Weinkarte لستة مشروبات li'ßtit maschrubā't

Zahnstocher كوردان kurdā'n

Zuckerdose سكرية ßuk-kari'j-je

Zuckerzange ملقاط سكر mulʾā̧'ŧ ßu'k-kar
Trinkgeld بقشيش baʾschī'sch; **dem Kellner ein ~ geben** ~ يدى الجرسون ji'd-di el-garßō'n ~
Wirt (Gast~) صاحب محل ßā'ħib maħa'll; **~in** صاحبة محل ßa'ħbit maħa'll

Familie und Familienfeiern

العيلة والاعياد العائلية el- ʿē'le ωil-aʿjā'd el-ʿaʾili'j-je
Braut خطيبة ehatī'ba; **~paar** خطيبان ehaŧibā'n
Bräutigam خطيب ehatī'b
Bruder اخ aeh
Ehe جواز gaωā's; **~frau** زوجة sō'ga; **~leute, ~paar** زوجان saugā'n; **~mann** جوز gōs
Eltern ابوان او والدين abaωā'n *od.* ωaldē'n; **Groß~** جدود gudū'd; **Schwieger~** نسايب naßā'jib
Enkel ابن الابن ibn el-ibn; **~in** بنت الابن bint el-ibn
Familie عيلة ʿē'le

geboren werden يتولد jitωi'lid
Geburt ولادة ωilā'de; يوم الميلاد jōm el-milā'd
Heirat جواز gaωā's; يجوز jig-ga'ω-ωis
Hochzeit زفاف او فرح sifā'f *od.* fa'raħ
Junge ولد ωa'lad
Junggeselle عازب ʿā'sib
Jüngling شاب schabb
Kusine بنت عم bint ʿamm
ledig عازب ʿā'sib
Mädchen بنت bint
Mutter ام او والدة umm *od.* ωa'lde; **Groß~** جدة ga'd-de; **Schwieger~** حماة ħa'ma
Neffe ابن عم ibn ʿamm; **Nichte** بنت عم bint ʿamm
Onkel عم ʿamm
Pate شبين schebī'n; **~nkind** طفل مشبون ŧifl maschbū'n
Patin شبينة schebī'na
Schwager نسيب neßī'b

Schwägerin نسيبة neßī'ba
Sohn ابن ibn; **Schwieger~** زوج البنت sōg el-bint
Tante عمة او خالة ʕa'm-ma *od.* ϧā'la
Taufe تنصير tanßī'r; ينصر jina'ß-ßar
Tochter بنت bint; **Schwieger~** زوجة الابن sōgit el-ibn
Tod موت mōt
beerdigen يدفن ji'dfin; **Beerdigung** دفن dafn
Beileid عزا ʕa'sa; **gestatten Sie mir, Ihnen mein herzliches ~ auszusprechen** البركة فيك el-ba'raka fīk
einäschern يحرق الجثة ji'ħraʔ el-gi't-te
Einäscherung حرق الجثة ħarʔ el-gi't-te
Grab قبر ʔabr
Leiche جثة gi't-te
Sarg تابوت tabū't
Trauer حزن ħisn; **~ haben** حزنان ħasnā'n
Vater اب او والد abb *od.* ωā'lid; **Groß~** جد gadd; **Schwieger~** حما ħa'ma
verheiratet مجوز mig-ga'ω-ωis
Verlobung خطبة ϧu'tba
Verwandte قريبة ʔarī'ba; **~r** قريب ʔarī'b
Verwandtschaft قرابة ʔarā'ba
Vetter ابن عم ibn ʕamm
Waise يتيم jatī'm
Witwe ارملة armi'la; **~r** ارمل a'rmil

Friseur مزين misa'j-jin

(Siehe auch Gruppe Toilettenartikel)

Bitte nehmen Sie Platz! اتفضل اقعد itfa'đ-đal o'ʔ ʕud
Dauert es lange? حاتغيب؟ ħa tiγī'b?
Sie sind an der Reihe, mein Herr الدور عليك يا سيد ed-dō'r ʕalē'k ja ßa'j-jid
Sie sind gleich an der Reihe الدور جاى عليك حالا ed-dō'r gajj ʕalē'k ħā'lan

Rasieren und Haarschneiden! حلاقة ذقن وشعر ħilā'ʔit daʔn ωischa'ʕr

Bart ذقن daʔn; **Schnurr~** شنب scha'nab; **den Bart schneiden (stutzen)** يقص (يساوى) الشنب jiʔu'ßß, (jißā'ωi) esch-scha'nab
Fön مكنة تجفيف الشعر ma'kanit tagfī'f esch-scha'ʕr
Friseur مزين misa'j-jin

zum ~ gehen يروح لل ~ jirū'ħ lil~
Damen~ ستات ~ ~ ßit-tā't
Haar شعر schaʕr; **Kopf~** راس ~ ~er-rāß; **blondes (braunes, graues, rotes, schwarzes, weißes) ~** ~اشقر (اسمر، اشيب، احمر، اسود، ابيض) ~ a'schʔar (a'ßmar, a'schjab, a'ħmar, i'ßωid, a'bjađ); **lockiges** ~ مجعد ~ miga'ʕʕad; **bleichen** يبيض jiba'j-jađ; **brennen** يحرق ji'ħraʔ; **bürsten** يفرش jifa'r-rasch; **kämmen** يمشط jima'sch-schaŧ; **ondulieren** يموج jima'ω-ωig; **schneiden** يقص jiʔu'ßß; **~ausfall** سقوط ال ~ ßuʔū'ŧ esch~
Haarschneiden قص الشعر ʔaßß esch-schaʕr; **sich die Haare schneiden lassen** يقص شعره عند المزين jiʔu'ßß scha'ʕru ʕand el-misa'j-jin; **bitte Haarschneiden** من فضلك قص لى شعرى min fa'đlak uß-ßi'li scha'ʕri; **schneiden Sie mir das Haar hinten kurz, aber vorn nicht zuviel** قص لى شعرى صغير من ورا لكن من قدام مش كتير ʔuß-ßi'li scha'ʕri ßiγa'j-jar min ωa'ra lā'kin min ʔud-dā'm misch ketī'r; **mit der Maschine** بالمكنة bilma'kane; **nur mit der Schere** بس بالمقص baßß bilmiʔa'ßß; **schneiden Sie vorne nur die Spitzen ab!** قص من قدام اطراف الشعر بس ʔußß min ʔud-dā'm aŧra'f esch-scha'ʕr baßß; **wünschen Sie etwas Brillantine oder Haarwasser?** تحب بريانتين اوغسيل الشعر؟ tiħi'bb brij-jantī'n au γaßī'l esch-scha'ʕr ?

Kopf راس rāß; **den ~ waschen** يغسل ال ~ ji-γßil

er ~; **waschen Sie mir den ~** اغسل لى راسى iγßi'l-li rā'ßi; **Kopfschuppen** قشر الشعر ʔi'schr esch-scha'ʕr

Locke خصلة شعر cha'ßlit schaʕr; **~nwickel** ورق تجعيد ωa'raʔ tagʕī'd

Maniküre مانيكور manikür; **Hautschere** مقص جلد miʔa'ßß gild; **Manikürkasten** علبة ادوات المانيكور ʕi'lbit adaωā't el-manikür; **möchte manikürt werden** عاوز تعمل لى مانيكور ʕā'ωis tiʕmi'l-li manikür; **ich möchte die Nägel kurz (lang)** عاوز الضوافر قصيرة (طويلة) ʕā'ωis ađ-đaωā'fir ʔußaj-ja'ra (ŧaωī'la)

Pediküre بيدى كور pedikür

Rasieren حلاقة الدقن ħilā'ʔit daʔn; **sich ~** يحلق دقنه ji'ħlaʔ da'ʔnu; **sich ~ lassen** يحلق دقنه عند المزين ji'ħlaʔ da'ʔnu ʕand el-misa'j-jin; **ein-seifen** يصبن jißa'b-bin; **etwas Puder, Kölnisch Wasser?** عاوز بدرة، كولونيا؟ ʕā'ωis bu'dra, kolo'nje?

Scheitel فرق farʔ; **rechts** عاليمين ʕal jemī'n; **links** عالشمال ʕasch-schimā'l; **in der Mitte** فى الوسط filωa'ßŧ

Welle تمويج tamωī'g; **Dauer~** ~ مستديم ~ mußta-dī'm; **Wasser~** ~ بلميه ~ bil-ma'j-je; **in ~n legen** يموج jima'ω-ωig

Zopf ضفيرة đafī'ra

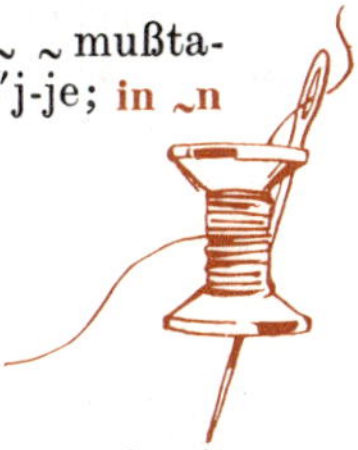

Gebrauchsgegenstände

ادوات كثيرة الاستعمال adaωā't katī'rit el-ißtiʕmā'l

(Siehe auch Gruppe Geschäfte, Handel, Maße und Gewichte)

Asch(en)becher طقطوقة او منفضة سجاير taʔtū'ʔa *od.* manfa'đit ßagā'jir

Bindfaden دوبارة dubā'ra

Bleistift قلم رصاص ʔa'lam rußā'ß
Brief|öffner فتاحة جوابات fat-tā'ħit gaωabā't; **~ordner** ملف ورق mala'ff ωa'raʔ; **~papier** ~ ورق ωa'raʔ ~; **~tasche** محفظة جيب maħfa'-đit geb; **~umschlag** ~ ظرف sarf ~; **~waage** ~ ميزان misā'n ~

Brille نضارة nađ-đā'ra; **~nfutteral** ~ علبة ʕi'lbit ~; **Sonnen~** ~ شمس ~rit schamß; **kurzsichtig** قصير النظر ʔaßī'r en-na'sar; **weitsichtig** طويل النظر tаωī'l en-na'sar
Feder ريشة كتابة rī'schit kitā'ba; **~halter** ايد ريشة īd rī'sche; **Füllfederhalter** قلم حبر بخزان ʔa'lam ħibr bi ehas-sā'n
Fernglas تلسكوب teleskō'p
Feuerzeug ولاعة ωal-lā'ʕa
Handtasche شنطة scha'nt a); **Damen~** ~ ستات ~ it ßit-tā't
Koffer شنطة سفر scha'ntit ßa'far; **kleiner ~** ~ صغيرة ~ ßiγaj-ja'ra
Kompaß برجل ba'rgal
Korkenzieher بريمة bar-rī'me
Kugelschreiber قلم كوبية ʔa'lam ku'bje
Lese|lampe لمبة قراية la'mbit ʔirā'je; **~zeichen** علامة صحف ʕal-lā'mit ßu'ħuf
Mappe محفظة maħfa'sa; **Akten~** دوسيه doßē';
Notizbuch دفتر مذكرات da'ftar misak-karā't
Papier ورق ωa'raʔ; **Durchschlag~** ~ كربون ~karbō'n; **Kohle~** ~ كربون ~karbō'n; **Lösch~** ~ نشاف ~ nasch-schā'f; **Pack~** ~ لف ~ laff; **Schreib~** ~ كتابة ~ kitā'be
Pfeife صفارة ßuf-fā'ra
Photoapparat عدة فوتوغرافيا ʕi'd-dit fotoγrā'fje
Portemonnaie كيس فلوس kīß fulū'ß

Geldstück عملة ʕu'mle
Kleingeld فكة fa'k-ke
Schein تذكرة taska'ra
Reisenecessaire عدة لوازم السفر ʕi'd-dit laωā'sim eß-ßa'far

Reißnagel دبوس رسم dab-bū'ß raßm
Schirm: Regen~ شمسية schamßi'j-je; **Sonnen~** شمسية schamßi'j-je
Schirmüberzug كيس شمسية kīß schamßi'j-je
Schlüssel مفتاح muftā'ħ; **Haus~** البيت ~ ~ el-bēt
Schnürsenkel رباط rubā'ŧ
Schreibmaschine مكنة كتابة ma'kanit kitā'be; **Reise~** سفرى ~ ~ßi'fari
Sicherheitsnadel دبوس انجليزى dab-bū'ß inglī'si
Spazierstock عصاية ʕaßā'je
Stecknadel دبوس dab-bū'ß
Streichhölzer كبريت kabrī't; **Wachs~** شمع ~ [~ schamʕ]
Tasche (Reise~, Akten~) جيب (كيس سفر، محفظة ورق) gēb (kīß ßa'far, maħfa'ŧit ωa'raʔ) **~nlampe** لمبة ~ la'mbit ~; **~nmesser** مطوة ma'ŧωa; **~nspiegel** مراية ~ mirā'jit ~; **~ntuch** منديل mandī'l; **~nwörterbuch** قاموس ~ ʔamū'ß ~; **~nkamm** مشط ~ mischŧ ~
Uhr ساعة ßa'ʕa; **goldene (silberne) ~** ~ دهب (فضة) ~ da'hab, (fa'đ-đa); **Armband~** ايد ~ ~ t īd; **Taschen~** جيب ~ ~ gēb; **Wand~** حيط ~ ~ ħēŧ; **die ~ aufziehen (regulieren, reinigen, reparieren)** يملا (يظبط ينضف يصلح) ال ~ ji'mle (ji'ßbuŧ, jina'đ-đaf, jißa'l-laħ) es ~
Meine Uhr geht richtig (falsch, vor, nach) ساعتى مظبوطة (مش مظبوطة، متقدمة متأخرة) ßa'ʕti masbū'ŧa, (misch masbū'ŧa, mitʔad-di'ma, mitʔa ch- cha'ra)
Feder زمبلك samba'lik; **die ~ ist zerbrochen** ال ~ مكسور es ~ makßū'r
Gehäuse ظرف الساعة sarf eß-ßa'ʕa
Glas ازازة isā'sa
Werk عدة ʕi'd-de
Zeiger عقرب ʕa'ʔrab; **Minuten~** الدقايق ~ ~ ed-daʔā'jiʔ; **Sekunden~** الثوانى ~ ~ eß-ßaωā'ni; **Stunden~** الساعة ~ ~ eß-ßā'ʕa
Zifferblatt وجه الساعة ωisch eß-ßa'ʕa

Wecker منبه mina'b-bih
Zigarren|abschneider مقطع سجار ma'ˀŧaˁ ßigā'r; **~anzünder** ولاعة ωal-lā'ˁit ~ **Zigaretten|etui** علبة سجاير ˁi'lbit ßagā'jir; **~spitze** فم ~ fumm~; **~papier** ورق ~ ωa'raˀ ~

Geschäfte, Handel und Beruf

الدكاكين والتجارة والصنعة ed-dakakī'n ωit-tigā'ra ωiß-ßa'nˁa

(Siehe auch Gruppen Gebrauchsgegenstände, Apotheke, Drogerie, Kleidung, Maße und Gewichte, Möbel und Hausgerät, Toilettenartikel)

In welchem Geschäft kaufen Sie? بتشترى من انهو دكان؟ bitischti'ri min a'nhu duk-kā'n?
Wo kann ich ... bekommen? فين الاقى؟ fēn alā'ˀi ...?
Was darf ich Ihnen geben? اجيب لك ايه؟ agī'-blak ē?
Wer bedient hier? مين بيخدم هنا؟ mīn bijeħa'd-dim hi'na?
Womit kann ich Ihnen dienen? طلباتك ايه؟ ŧalabā'tak ē'?
Ich brauche ... ... انا عاوز ana ˁā'ωis ...
Haben Sie ...? ؟... عندك ˁa'ndak ...?
Geben (zeigen) Sie mir ... ... ادينى (ورينى) id-dī'-ni, (ωar-rī'ni) ...
Wieviel wünschen Sie? عاوز قد ايه؟ ˁā'ωis ˀa'ddi ē'?
Was kostet das Stück (Paar, Pfund, Dutzend, 100 Gramm)? كام ثمن القطعة (الجوز، الرطل الدستة ال ١٠٠ جرام) kām ta'man el-ˀi'tˁa, (el-gōs, er-raŧl, ed-da'ßte, el mij-ja grām)
Das ist billig ده رخيص de reħī'ß
Das ist sehr (zu) teuer ده غالى (كتير) قوى de γā'li (ketī-r) ˀa'ωi
Ich möchte etwas Billigeres عاوز حاجة ارخص ˁā'ωis ħā'ga a'reħaß

Hier ist eins zu ... ده واحد تمنه de ωā'ħid ta'manu ...
Geben Sie mir von dem eins اديني واحد من ده id-dī'ni ωā'ħid min de
Sonst noch etwas? عاوز حاجة تانية؟ ʕā'ωis ħā'ga [ta'nje ?
Nein, das ist alles لا، بس كده la?, baßß ki'dde
Das genügt كفاية كده kifā'ja ki'dde
Soll ich alles zusammenpacken? الفهم كلهم مع بعض؟ alif-fu'hum kul-lu'hum maʕa ba'ʕđ ?
Soll ich die Sachen an Ihre Adresse schicken? ابعث الحاجات على عنوانك؟ a'bʕat el-ħagā't ʕa'le ʕunωā'nak ?
Nein, ich werde sie mitnehmen لأ راح اخذهم معايا la? rā'ħ aehu'dhum miʕā'ja
Antiquitätenhändler بياع انتيكات baj-jā'ʕ antikā't
Bäcker فران far-rā'n; **Bäckerei** فرن furn
Bauer فلاح fel-lā'ħ
Beamter مستخدم حكومة mißta' ehdim ħukū'ma
Beruf صنعة، اوشغل ßa'nʕa *od.* schuγl
Bildhauer مثال maß-ßā'l
Blumenhändler زهار sah-hā'r
Blumen زهور suhū'r; **künstliche** ~ صناعية ~ ßinaʕi'j-je; **~strauß** *(Bukett)* ~ صحبة ~ ßu'ħbit ~; **Flieder** زنزلخت sansala'eht; **Nelke** قرنفل ?uru'nfil; **Rose** ورد ωard; **Tulpe** توليب tulī'p; **Veilchen** بنفسج bana'fßig
Bootsmann مراكبى mara'kbi

Buchbinder مجلد كتب miga'l-lid ku'tub
Buchdrucker مطبعجى matba'ʕgi
Buchhändler كتبى ku'tbi; **Buchhandlung** مكتبة makta'ba
Antiquar بياع كتب قديمة baj-jā'ʕ ku'tub ?adī'me
Auflage, Ausgabe طبعة ta'bʕa; **alte (neue, durchgesehene, vermehrte)** ~ قديمة، (جديدة، مراجعة، معادة) ~ ?adī'me, (gedī'de, murā'gʕa, muʕā'de)

Band جزء gusʾ; **in zwei Bänden** من جزئين min gusʾēʹn; **Prachtausgabe** طبعة مفتخرة ŧaʹbʿa muftaʹchara

Bogen فرخ farch

Buch كتاب kitāʹb; **das ~ wird bald erscheinen (ist soeben erschienen)** ال ~ راح يظهر قريب، (طلع جديد) el~ rāħ jiʹshar ʾuraʹj-jib (ŧiʹliʿ gedīʹd); **Hand~** ~ ابتدائى ~ ibtidāʹʾi; **Lehr~ zum Selbstunterricht** ~ للتعليم الذاتى ~ lit-taʿlīʹm es-sāʹti

Druck طبع ŧabʿ

Einband جلدة giʹlde; **Exemplar** نسخة nuʹßcha

Führer دليل dalīʹl; **Reise~** ~ السواح ~ eß-ßuω-ωāʹħ

Illustration تصوير taßωīʹr

Karte (Land~) خارطة chaʹrŧa; **Reise~** ~ سياحة ~ ßijāʹħa

Konversationslexikon دائرة معارف daʹjrit maʿaʹrif

Literatur ادب اللغة aʹdab el-luʹγa

Roman رواية riωāʹje; **Kriminal~** ~ بوليسية ~ bulißiʹj-je

Seite صفحة ßaʹfħa

Stadtplan خارطة بلد chaʹrŧit baʹlad

Titel عنوان ʿunωāʹn

Verfasser مؤلف muʾaʹl-lif

Verleger ناشر كتب nāʹschir kuʹtub

Werk كتاب kitāʹb; **Nachschlage~** ~ مرجع ~ maʹrgiʿ

Chauffeur سواق اوتوموبيل ßaω-ωāʹʾ otomobīʹl

Diener خدام chad-dāʹm; **Dienerin** خدامة chad-dāʹma

Dienstmann شيال schaj-jāʹl

Doktor دكتور doktōʹr

Dolmetscher ترجمان turgumāʹn

Drogist عطار ʿaŧ-ŧāʹr

Elektriker كهربائى kahrabāʹʾi

Färberei مصبغة maßba'γa
Feinkosthandlung محل بقالة maȟall biʾā'la
Fischer صياد سمك ßaj-jā'd ßa'mak
Fischhändler سماك ßam-mā'k; **Fischhandlung** محل بيع سمك maȟall bēʿ ßa'mak
Fleischer جزار gas-sā'r; **Fleischerladen** دكان جزارة duk-kā'n gisā'ra
Fremdenführer دليل سواح dalī'l ßuω-ωā'ȟ
Gemüsehändler خضرى chu'đari
Gepäckträger شيال محطة schaj-jā'l maȟa'ŧ-ŧa
Geschäftshaus محل تجارى maȟa'll tugā'ri
Geschäfts|führer وكيل ωakī'l; **~mann** تاجر tā'gir; **~reise** سفر تجارى ßa'far tigā'ri; **er ist auf einer ~reise** هو مسافر للتجارة hu'ωωa misā'fir littigā'ra; **~reisender** وكيل تجارى سفرى ωakī'l tugā'ri ßa'fari

Gewerbe صنعة ßā'nʿa; **ein ~ treiben** يباشر ~ jibā'schir ~
Glaser قمراتى ʾamarā'ti
Handel تجارة tigā'ra; **im großen (kleinen)** بالجملة (بالقطاعى) bilgu'mle (bilʾaŧ-ŧā'ʿi); **~ treiben** يتاجر jitā'gir; **Außen~** خارجية ~ ~ chargi'j-je; **Binnen~** داخلية ~ ~ dachli'j-je
abliefern يسلم jißa'l-lim
Absatz بيع bēʿ
absenden يرسل ji'rßil
Abzahlung دفع dafʿ; **auf ~** عالحساب ʿal-ȟißā'b
Agent وكيل ωakī'l
Angestellter مستخدم mißta'chdim
Anleihe سلفة ßu'lfa
Anzahlung قسط مقدم ʾißŧ muʾa'd-dam
Artikel بضاعة biđā'ʿa
Auftrag امر amr
Ausfuhr تصدير taßdī'r
Ausgabe اصدار ißđā'r; **von Aktien:** سندات ~ ~ ßanadā't
Ausverkauf بيع تصفية bēʿ taßfi'je
Bankerott تفليسة taflī'ßa

bestellen يطلب ji'ŧlub
Bestellung طلب ŧa'lab
Bestellzettel امر طلب amr ŧa'lab
Betrag مبلغ ma'blaγ
bezahlen يدفع ji'dfaʕ; فورى ~ ~ fō'ri;
voraus مقدم ~ ~ muʔa'd-dam
Bilanz ميزانية misani'j-je
billig رخيص reehī'ß
Buchführung مسك دفاتر maßk dafā'tir; **einfache (doppelte)** (مجوز) مفرد mu'frad (mi'gωis)
Buchhalter كاتب kā'tib
Büro مكتب ma'ktab
Chef رئيس ra'j-jiß
Diskont خصم ehaßm
Einfuhr توريد taωrī'd
Einkauf شرا schi'ra
Einnahmen ايراد irā'd
einpacken يعبى jiʕa'b-bi
einwickeln يلف jili'ff
Erzeuger منتج mu'ntig
Erzeugung انتاج intā'g
Fabrikant صاحب مصنع ßā'ħib ma'ßnaʕ
Fabrikat مصنوع maßnū'ʕ
Firma شركة تجارية schi'rke tugari'j-je
Fracht شحن schaħn; **~frei** خالص اجرة ال ~ ehā'liß u'grit esch ~
Gewinn مكسب ma'kßab
handeln mit . . . . . . يتاجر فى او يساوم jitā'gir fi . . . au jißa'ωim
Handlungsgehilfe, Kommis بياع محل baj-jā'ʕ [maħa'll)
Kasse خزنة eha'sne
Kassierer صراف ßar-rā'f; **Kassiererin** صرافة ßar-rā'fe
Kauf شروة scha'rωa; **einen ~ abschließen** يعقد ~ ji'ʕʔid ~; **~haus** محل تجارى maħaʕll tugā'ri; **~mann** تاجر tā'gir; **Gelegenheits~** اوكازيون ~ ~ ok-kasjō'n;
kaufen يشترى jischti'ri

Konto حساب ħißā'b
Kontor مكتب ma'ktab
Korrespondent مراسل mirā'ßil
Kredit دين dēn; **auf ~** شكك schu'kuk
Ladentisch ترابيزة الدكان tarabe'sit ed-duk-kā'n
Lager مخزن ma'ehsan; **~haus** مخزن ma'ehsan; **auf ~ haben** ~ عنده فى ال ʕa'ndu fil~
Lehrling صبى دكان ßa'bi duk-kā'n
Lieferant مورد muωa'r-rid
liefern يورد jiωa'r-rid
Lieferung توريد taurī'd
Marke صنف ßanf
Markt سوق ßūʔ
Muster عينة ʕaj-ji'ne
Personal مستخدمين mißtaehdimī'n

Preis ثمن ta'man; **fester ~** محدد ~ ~ muħa'd-dad; **zu hohem (niedrigem) ~** عالى (واطى) ~ ب bi~ ā'li(ωā'ŧi); **mäßige Preise** اثمان معتدلة atmā'n muʕta'dila; **welchen ~ berechnen Sie für?** بكام ثمن ...؟ bikā'm ~ ...?; **die Preise steigen** الاثمان بترتفع el-atmā'n bi-tirti'fiʕ; **zum Preise von** الاثمان ابتداء من el-atmā'n ibtidā'an min ...; **~erhöhung** ارتفاع ال irtifā' et~; **~ermäßigung** انخفاض ال~ inehi-fā'đ et~; **~liste** كشف ال~ kaschf et~; **~wert** رخيص re ehī'ß; **Durchschnitts~** متوسط ال mutaωa'ß-ßiŧ et~; **Einkaufs~** الكلفة ~ ~ el-ku'lfa; **Laden~** البيع ~ ~ el-bēʕ; **Mindest~** ~ ادنى a'dna ~; **Netto~** صافى ~ ~ ßā'fi; **Selbstkosten~** الكلفة ~ ~ el-ku'lfa; **Vorzugs~** مخصوص ~ ~ maehßū'ß
Probe *(Warenmuster)* عينة ʕaj-ji'ne; *(beim Schneider)* بروفه brō'ωa
Prokurist وكيل ωakī'l
Qualität صنف ßanf
Quantität كمية kam-mi'j-je
Quittung مخالصة mu eha'lßa; ~ يكتب ji'ktib ~

Rabatt تخفيض taⱨfi′đ; ~ **gewähren** ~ يعمل ji′-mil; 5% ~ **gegen bar** خمسة فى مية نظير الدفع الفورى ⱨa′mßa fil-mi′j-je naſi′r ed-dafʕ el-fō′ri

Rechnung حساب ⱨißā′b; **eine ~ quittieren** ~ يخلص jiⱨa′l-laß ~

Reisender وكيل تجارى سفرى ωakī′l tugā′ri si′fari

Reklame ركلام reklā′m

Schaufenster فترينة witrī′ne

schicken يبعث ji′bʕat

Sorte نوع nōʕ

Summe مبلغ ma′blaɣ

teuer غالى ɣā′li; غلو ɣulu′

übervorteilen يغش jiɣi′schsch

Verbrauch استهلاك ißtihlā′k; ~ ضريبة ~ đarī′bit ~

verbrauchen يستهلك jißta′hlik

Verkauf بيع bēʕ; **Räumungs~** تصفية ~ taßfi′je

verkaufen يبيع jibī′ʕ

Verkäufer(in) بياع (بياعة) baj-jā′ʕ (baj-jā′ʕa)

Verlust خسارة ⱨißa′ra

verpacken يعبى jiʕa′b-bi

Verpackung تعبية taʕbi′je

Versand ارسال irßā′l

Versteigerung مزاد masā′d; **Zwangs~** اجبارى ~ ~ igbā′ri

Vertreter وكيل ωakī′l

Vertretung وكالة ωikā′le

Ware بضاعة biđā′ʕa; **Waren** بضايع bađā′jiʕ

Wirtschaft اقتصاد iʔtißā′d

zahlen يدفع ji′dfaʕ

Zahlung دفع dafʕ; **Abschlag~** بالتقسيط ~ ~ bit-taʔßī′t; **Bar~** فورى ~ ~ fō′ri

Händler تاجر tā′gir; **Groß~** بالجملة ~ ~ bilgu′mle; **Klein~** بالقطاعى ~ ~ bil-ʔat-tā′ʕi; **Straßen~** بياع سريع ~ baj-jā′ʕ ßar-rī′ⱨ

Handlung تجارة tigā'ra; **Groß~** بالجملة ~ ~ bil-gu'mle
Handwerk صنعة ßa'nˁa
Hebamme داية dā'je
Hirt راعى rā'ˁi
Hutgeschäft دكان برانيط duk-kā'n baranī'ŧ
Industrie صناعة مكن ßinā'ˁit ma'kan
Industrieller صانع مكن ßā'niˁ ma'kan
Ingenieur مهندز miha'ndis
Juwelier جواهرجى gaωahi'rgi
Armband اسورة ißωi're
Bernstein كهرمان kahramā'n
Brillant الماز almā's
Brosche بروش brō'sch
Diamant الماز almā's; **geschliffener (roher) ~** مشطوف (خام) ~ ~ maschŧū'f (ȼhām); **einen ~en fassen** يركب ال ~ jira'k-kib el~
Edelstein حجر كريم ħa'gar karī'm
Gold ذهب da'hab
Juwel جوهرة gauha'ra
Karat قيراط ʾirā'ŧ; **achtzehnkarätig** عيار تمانتاشر ˁijā'r tamantā'scher
Kette سلسلة ßilßi'le
Medaillon مداليون medaljō'n
Nadel دبوس dab-bū'ß
Ring خاتم ȼhā'tim; **Ehe~, Trau~** جواز ~ ~ gaωā's; **Ohr~** حلق ħa'laʾ
Schmuck حلية ħi'lje; **Perlen~** عقد لولى ˁu'ʾd lū'li
Silber فضة fa'đ-đa; **~waren** فضيات fađ-đij-jā't
Weißmetall معدن ابيض ma'ˁdan a'bjađ

Kellner جرسون garßō'n; **~in** جرسونة garßō'ne; **Ober~** ريس ra'j-jiß
Klempner سمكرى ßamka'ri
Koch طباخ ŧab-bā'ȼh; **Köchin** طباخة ŧab-bā'ȼha
Kolonialwaren|geschäft محل بقالة maħa'll biʾā'le; **~händler** بقال baʾʾā'l

Konditor حلوانى ħalaωā'ni
Konditorei محل حلوانى maħa'll ħalaωā'ni
Konfektion محل ملابس جاهزة maħa'll malā'biß ga'hse
Krämer صاحب دكان ßā'ħib duk-kā'n
Kunsthändler بياع ادوات فنية baj-jā'ʕ adaωā't fan-ni'j-je
  Aquarell رسم بالالوان المائية raßm bil-alωā'n el-maʔi'j-je
  Bild صورة ßū'ra; *(Porträt)* ~ انسان ßū'rit inßā'n
  Büste بوست bußt
  Gemälde صورة ßū'ra; **Öl~** ~ ~ بالزيت bis-sēt
  Gravierung حفر ħafr
  Holzschnitt حفر فى الخشب ħafr fil-cha'schab
  Karikatur تصوير هزلى taßωī'r ha'sli
  Kopie, Nachbildung صورة ßū'ra
  Kunst فن fann
  Meisterwerk تحفة tu'ħfa
  Original اصل a'ßl
  Plastik صورة ممثلة ßū'ra mumaß-ßa'la
  Radierung نقش naʔsch
  Rahmen برواز birωā's
  Relief رسم بارز raßm bā'ris
  Skizze تخطيط الرسم tachtī't er-raßm
  Statue تمثال timßā'l; **Statuette** ~ ~ صغير ßiγa'j-jar
  Stich: Kupfer~ نقش عالنحاس naʔsch ʕan-niħā'ß;
  Zeichnung رسم raßm

Kürschner بياع فرو baj-jā'ʕ fa'ru
Kutscher عربجى ʕarba'gi
Laden دكان duk-kā'n; **kleiner ~, Kram~** ~ صغير ~ ßiγa'j-jar
Lebensmittel مأكولات maʔkulā't
Lederwaren جلود gulū'd
  Brieftasche محفظة جيب maħfa'sit gēb
  Gürtel حزام ħisā'm

Koffer شنطة سفر scha'ntit ßa'far
Mappe (Akten~) محفظة ورق maħfa'ʂit ωa'raʔ
Portemonnaie كيس فلوس kiß fulū'ß
Riemen سير ßēr
Magd خدامة chad-dā'me

Maler مصور mußa'ω-ωir
Farbe لون lōn'
Palette لوحة الوان lō'ħit alωā'n
Pinsel فرشة fu'rsche
Maurer بنا ba'n-na
Messer سكينة ßik-kī'ne; **Obst~** ~ فواكه ~ faωā'-kih; **Taschen~** مطوة ma'ŧωa; **das Messer schleifen** يسن السكينة jißi'nn eß-ßek-kī'ne
Müller طحان ŧaħ-ħā'n
Musikalienhandlung محل بيع ادوات مزيكة ma'ħa'll bēʕ adaωā't mas-sī'ke
Flöte صفارة ßuf-fā'ra
Flügel بيانو كبير bijā'nu kebī'r
Geige, Violine كمنجة kama'nge
Gitarre قيثارة kitā'ra
Grammophon جراموفون gramofō'n; **Koffer~** ~ ~ شنطة scha'nŧa; **~nadel** ~ ابرة i'brit ~; **~platte** ~ اسطوانة ußŧuωā'nit ~
Harfe جنك ga'nak
Harmonika (Zieh~) ارمونيكا armonī'ka
Harmonium ارغن o'rγun
Horn نفير nefī'r
Instrument آلة ā'le; **Blas~** ~ ~ هوائية haωaʔi'j-je; **Streich~** ~ ~ وترية ωatari'j-je

Klarinette مزمار mismā'r
Klavier بيانو bijā'nu
Laute عود ʕūd
Mandoline مندولين mandolī'n
Pfeife صفارة ßuf-fā're
Plattenspieler بيكاب او فونوغراف كهربائي biga'b *oder* fonoγrā'f kahrabā'ʔi
Saxophon سكسفون ßakßofō'n
Spieldose صندوق مزيكة ßandū'ʔ mas-sī'ke

Trommel طبلة ṭa'ble
Trompete بوق bū?
Violinbogen قوس الكمنجة ?ōß el-kama'nge
Zither كنارة kin-nā'ra
Musikant موسيقار mußikā'r
Näherin خياطة chaj-jā'ṭa
Obsthändler فكهانى fekahā'ni
Optiker بياع ادوات نظر baj-jā'ˁ adaωā't na'ẓar
Brille نضارة nađ-đā'ra; ~nfutteral ~ علبة ˁi'lbit~; Auto~ ~ اوتوموبيل ~ otomobī'l
Sonnen~ ~ شمس ~it schamß

Fernglas تلسكوب ṭeleßkō'p; Opernglas ~ تياترو ~ tija'tru
Vergrößerungsglas~ نضارة معظمة nađ-đā'ra meˁaẓ-ẓa'ma
Linse عدسة ˁa'daßa
Papierhandlung محل بيع ورق maħa'll bēˁ ωa'ra?
Album (Photographie~) البوم صور albū'm ßu'ωar
Ansichtskarte كرت بوستال kart poßtā'l
Bleistift قلم رصاص ?a'lam rußā'ß; Dreh~ لفاف ~ ~ laf-fā'f

Brief|karte ورق جواب ωa'ra? gaωā'b; ~umschlag ~ ظرف ẓarf ~
Feder ريشة rī'sche; ~halter ~ ايد īd ~;
Füll~(halter) قلم حبر ?a'lam ħibr
Gummi (~arabikum) صمغ ßamγ
Heft, Schreib~ كراس kar-rā'ß
Kalender نتيجة natī'ge
Lineal مسطرة maßṭa'ra
Linienblatt ورق مسطر ωa'ra? mißa'ṭ-ṭar
Löscher نشافة nasch-schā'fe
Notizbuch دفتر مذكرات da'ftar misak-karā't
Papier ورق ωa'ra?; ein Bogen ~ ~ فرخ far ch ~; Brief~ ~ جواب ~ gaωā'b; Durchschlags~ ~ كربون ~ karbō'n; Geschäfts~ ~ كتابة جيد ~ kita'be ga'j-jid; Kohle~ ~ كربون ~ karbō'n; Lösch~ ~ نشاف ~ nasch-schā'f;

Maschinen~ مكنة ~ ~ma'kane; **Schreib~** كتابة ~ ~kitā'be; **Seiden~** ناعم ~ nā'ˤim; **Zeichen~** رسم ~ ~ raßm

radieren يمسح ji'mßaħ

Radiergummi استيكة aßtī'ke

Radiermesser مقشط ma'ˀschaŧ

Siegellack شمع ختم schamˤ cħitm

Tinte حبر ħibr; **blaue (rote, schwarze) ~** ازرق ~ (احمر، اسود) ~ a'sraˀ (a'ħmar, i'ßωid); **~nfaß** دواية daωā'je; **Kopier~** كوبية ~ ~ ko'bje; **Zeichen~** ~رسم ~ raßm

Parfümeriehändler بياع روايح baj-jā'ˤ raωā'jiħ

Photograph مصوراتى mißaω-ωarā'ti

Photographie (Lichtbild) صورة ßū'ra

Abzug نسخة فوتو غرافيا nuscħa fotoγrā'fje; **einen ~ machen** يعمل نسخة فوتو غرافيا ji'ˤmil nuscħa fotoγrā'fje; **Apparat ~** عدة ˤi'd-dit ~

Atelier دكان المصوراتى duk-kā'n el-mißaω-ωarā'ti

Aufnahme: eine ~ machen يصور jißa'ω-ωar; **Moment~** تصوير خاطف taßωī'r cħā'ŧif; **Zeit~** وقتى ~ ~ ωa'ˀti

Bild صورة ßū'ra; **lebensgroßes ~** كاملة ~ ~ ka'mle; **Brust~** بوست ~ ~ bu'ßt; **Miniatur~** مصغرة ~ ~ mußaγ-γa'ra; **Probe~** بروفة ال ~ brō'wit eß~

Blende الحجاب الحاجز el-ħigā'b el-ħā'gis

Blitzlicht الضوء الخاطف eđ-đū'ˀ el-cħā'ŧif

Dunkelkammer الاودة الضلمة el-ō'đe eđ-đa'lme

entwickeln يطلع الصور jiŧa'l-laˤ eß-ßuωar

Entwicklung تطليع الصور taŧlī'ˤ eß-ßu'ωar

Farbenphotographie تصوير ملون taßωī'r mila'ω-ωin

Film فلم fi'lm; **Farb~** ملون ~ fi'lm mila'ω-ωin

Fixierbad حمام التثبيت ħam-mā'm et-taßbī't

fixieren يثبت الصورة jißa'b-bit eß-ßu'ωar

Format حجم ħagm; **Klein~** صغير ~ ~ ßiγa'j-jar; **Paß~** جواز سفر ~ ~ gaωā's ßa'far
Hintergrund منظر خلفى ma'nꞩar ꞓhalfi
Kamera عدة فوتوغرافيا ʕi'd-dit fotoγrā'fje
Kassette حمالة لوحة التصوير ħam-mā'lit lō'ħit et-taßωī'r
knipsen يلقط الصورة ji'lʔuŧ eß-ßū-ra
kopieren يطبع الصورة ji'ŧba'ʕ eß-ßū'ra
Kopierrahmen برواز الطبع birωā's eŧ-ŧabʕ
Lampe: rote ~ لمبة حمرة la'mba ħa'mra
Licht ضوء đūʔ; **Gegen~** ضد ال ~ đidd eđ~; **Tages~** النهار ~ ~ en-nahā'r
lichtempfindlich حساس للضوء ħaß-ßā'ß lið-đūʔ
Linse عدسة ʕa'daße
Negativ عفريتة ʕafrī'te
photographieren يصور jißa'ω-ωar
Platte لوحة lō'ħa
Positiv صورة ßū'ra
retuschieren يعمل رتوش ji'ʕmil retū'sch
Schale صحن ßaħn
scharf مظبوط maꞩbū'ŧ; **unscharf** مش ~ misch ~
Stativ حمالة العدة ħam-mā'lit el-ʕi'd-de
überbelichtet معرضة للضوء كثير meʕar-ra'đa lið-đūʔ ketī'r
unterbelichtet معرضة للضوء قليل meʕar-ra'đa lið-đū'ʔ ʔalī'l
Vergrößerung تكبير takbī'r
Verschluß قفل ʔafl
Vervielfältigung تعديد taʕdī'd
Plätterin مكوجية makωagi'j-je
Rechtsanwalt محامى muħā'mi
Sänger مغناوى miγan-nā'ωi
Sattler سروجى ßirū'gi
Schäfer راعى غنم rā'ʕi γa'nam

Schirmhändler بياع شماسى bāj-jā'ʕ schama'ßi
Schlächter جزار gas-sā'r
Schlosser كوالينى kaωalī'ni

Schmied حداد ħad-dā'd
Schneider خياط chaj-jā'ŧ
Schriftsteller مؤلف mu'a'l-lif
Schuhgeschäft محل بيع جزم maħa'll bē' gi'sam
Stenotypistin كاتبة علمكنة ka'tbe 'alma'kana
Stiefelputzer مساح جزم او بويجى maß-ßā'ħ gi'sam *od.* boja'gi
Tabakhändler دخاخنى dacha'chni
Tabakladen دكان دخاخنى duk-kā'n dacha'chni

Feuerzeug ولاعة ωal-lā''a
Pfeife بيبة bī'be; **eine ~ stopfen** يعمر ال ~ ji'a'm-mar el~; **Ton~** فخار ~ ~ fuch-chā'r
rauchen يدخن jida'ch-chan
Raucher مدخن muda'ch-chin
Streichhölzer كبريت kabrī't; **Wachs~** شمع ~ ~ scham'; **Schachtel ~** ~ علبة 'i'lbit ~
Tabak دخان duch-chā'n; **ein Päckchen ~** ~ باكو bā'ku ~; **~sbeutel** ~ كيس kīß ~
Zigarette سجارة ßigā'ra; **eine ~ drehen** ~ يلف jili'ff ~; **ein Päckchen ~n** باكو سجاير bā'ku ßaga'jir
Mundstück فم fumm; **Gold~** دهب ~ ~ da'hab; **Kork~** فل ~ ~ fill; **ohne, mit ~** ~ (بـ) ~ من غير min γer ~ (bi)~
Zigarre سجار ßigā'r; **leichte (schwere)** خفيف (حامى) chafī'f (ħā'mi)
eine Kiste ~n ~ صندوق ßandū'' ~:
eine ~anzünden ~ يولع jiωa'l-la' ~
können Sie mir Feuer geben? تقدر تدينى ولعة؟ ti''dar tid-dī'ni ωi'l'a?

Tapezierer منجد mina'g-gid
Techniker مهندز miha'ndis
Tischler نجار دق nag-gā'r di'''i
Trödler بياع روبابيكيا baj-jā'' rubabī'kje
Uhrmacher ساعاتى ßa'ā'ti
Waffenhändler بياع اسلحة baj-jā'' eßli'ħa
Büchse بندقية bundu'i'j-je

Flinte, Gewehr سلاح ناري ßilā'ħ nā'ri
Patrone خرطوش chartū'sch
Pistole طبنجة taba'nge; **Selbstlade~** اوتوماتيكي ~ ~ otomatī'ki
Revolver ريفلفر rewo'lwer

Ware بضاعة biđā'ˁa; **Waren** بضايع bađā'jiˁ; **baumwollene (seidene, wollene) ~** قطن، (حرير، صوف) ~ˀu'tn, (ħarī'r, ßūf); **Eisen~** حديد ~ ~ ħadī'd; **Gold- und Silber~** دهب وفضة ~ ~ da'hab ωifa'đ-đa; **Gummi~** كاوتش ~ ~ kaωi'tsch); **Haushalts~** ادوات منزلية adaωā't mansili'j-je); **Kolonial~** بقالة biˀā'le; **Kurz~** خردوات churdaωā't; **Luxus~** كماليات kamalij-jā't; **Mode~** مودات modā't; **Pelz~** فرو fa'ru; **Schreib~** ادوات كتابة adaωā't kitā'be; **Spiel~** لعب li'ˁab; **Strick~** مطرزات mutar-rasā't; **Textil~** منسوجات manßugā't; **Weiß~** بياضات baj-jađā't

Warenhaus محل تجاري maħa'll tugā'ri
Warenmuster عينة ˁaj-ji'ne
Wäschegeschäft محل بيع بياضات maħa'll bēˁ baj-jađā't
Wäscherin غسالة γaß-ßā'le
Weinhandlung محل بيع خمرة maħa'll bēˁ cha'mra
Zeichner رسام raß-ßā'm
Zeitungsverkäufer بياع جرايد baj-jā'ˁ garā'jid

Zeitschrift مجلة maga'l-la
Zeitschrift (illustrierte) مصور mißa'ω-ωar; **Monatsschrift** مجلة شهرية maga'l-la schahri'j-je; **Wochenschrift** اسبوعية ~ ~ ußbuˁi'j-je
Zeitung جرنال gurnā'l; **Abend~** مسائي ~ ~mißā'ˀi; **Mode~** مودات ~ ~ modā't; **Morgen~** صباحي ~ ~ ßabā'ħi; **Tages~** يومي ~ ~ jō'mi; **Witz~** مضحك ~ ~ mu'đħik; **Wochen~** اسبوعي ~ ~ ußbū'ˁi; **~skiosk** كشك جرائد kuschk garā'-jid

Zimmermann نجار nag-gā'r

Getränke مشروبات maschrubā't

(Siehe auch Gruppen Bade- und Kurort, Café, Restaurant, Konditorei, Essen und Trinken, Geschäfte, Hotel)

Alkohol خمرة cha'mra
Aperitif ايراتيف aperitī'f
Bier بيرة bī'ra; **ausländisches (dunkles, helles, deutsches ~)** ~ من بلاد برة (سودة، بيضة، المانى) ~ min bilā'd bar-ra (ßō'de, bē'đa, ālmā'ni); **Pilsner ~** بلسنار pilßener ~; **ein Glas ~** ~ كباية kub-bā'jit ~; **Faß ~** ~ مالبرميل mil-barmī'l~, **Flaschen ~** ~ ازازة isā'sit ~
Branntwein براندى bra'ndi
Fruchtsaft عصير ʕaßī'r; **Granatapfelsaft** ~ رمان ~ rum-mā'n; **Kirschsaft** ~ كراز ~ kirā's **Tamarindensaft** تمرهندى tamrhi'ndi; **Zedernsaft** سدر ßidr; **Zitronensaft** ~ لمون ~ lamū'n
Getränk: alkoholfreies مشروب غير روحى maschrū'b γēr ro'ħi; **geistiges ~** ~ روحى ~ rō'ħi
Glühwein نبيذ سخن nibī't ßuchn
Grog جروج grōg
Kaffee قهوة ʔa'hωa
Kirsch(wasser) شرى براندى sche'ri bra'ndi
Kognak كنياك konjā'k; **Eier ~** ~ بالبيض ~ bilbē'đ
Likör ليكور likör; **Anis ~** ~ ينسون ~ janßū'n; **Pfefferminz ~** مانتا ma'nta
Limonade لمـونـاطة lemunā'ta; **Orangen ~** عصير برتقال ʕaßī-r bortuʔā'l; **Zitronen ~** ~ لمون ~ lamū'n
Magenbitter بيتر bi't-ter
Milch لبن la'ban
Most عصير عنب ʕaßī'r ʕe'nab; **Apfel ~** ~ تفاح ~ tif-fā'ħ
Rum روم rūm
Schokolade شكولا طة schukulā'ta
Sekt شمبانيا schampā'nje

Tee شاى schā'j
Wasser ميه ma'j-je; **Mineral~** معدنية ~ ~ maʕ-dani'j-je
Wein نبيذ nibī't; **alter (herber, kräftiger, leichter, saurer, süßer) ~** ~ معتق (مز، جامد، خفيف، حامض حلو) meʕa't-taʔ, miss, gā'mid, ḫafīf, ħā'miđ, ħi'lu; **~ vom Faß** ~ برميل ~ barmī'l; **eine Flasche ~** ~ ازازة isā'sit ~; **ein halber Liter ~** ~ نص لتر nußß litr ~; **ein Viertel Liter ~** ~ ربع لتر rubʕ litr ~; **Dessert~** حلو ~ ~ ħilu; **Rot~** أحمر ~ ~ a'ħmar; **Tisch~** سفرة ~ ~ ßu'fra; **Weiß~** ابيض ~ ~ a'bjađ

Weinausschank خمارة ḫam-mā'ra
Wermut فرموت wermū't

Haus البيت el-bēt

(Siehe auch Gruppe Möbel und Hausgerät)

Abort, W. C. بيت راحة beŧ rā'ħa
Ausgang خروج ḫurū'g; **Hinter~** ورانى ~ ~ ωar-ra'ni
Bad حمام ħam-mā'm
Badeofen سخان ßaḫ-ḫā'n; **elektrischer ~** كهربائى ~ ~ kahrabā'ʔi; **Gas~** جاز ~ ~ gās
Bade|wanne حوض ħōđ; **~zimmer** حمام ħam-mā'm
Balkon بلكون balkō'n
Beleuchtung نور nūr
Blitzableiter مانعة الصواعق ma'nʕit eß-ßaωā'ʕiʔ
Boden (Dach~) سطوح ßiŧū'ħ; **(Fuß~)** ارضية arđi'j-je; **Parkettfuß~** بركيه parkē'; **Steinfuß~** بلاط balā'ŧ

Dach سطح ßaŧħ; **~decker** مستكاتى mißat-tikā'ti; **~fenster** ~ شباك schib-bā'k ~; **~kammer** ~ اودة ō'det ~; **~rinne** مزراب musrā'b; **~ziegel** طوب ŧūb
Decke سقف ßaʔf; **Diele** ارضية arđi'j-je

Dienstboten خدامين ehad-damī'n
Ecke ركن rukn
Eingang مدخل ma'd eha-l
Einrichtung فرش farsch
Erker مشربية maschrabi'j-je
Fahrstuhl اسانسير aß-ßanßör
Fassade فسحة fa'ßaħa

Fenster شباك schib-bā'k; **das ~ öffnen** يفتح ال ~ ji'ftaħ esch ~; **zum ~ hinaussehen** يبص مال ~ jibu'ßß misch ~; **das ~ geht auf den Garten** ال ~ يطل عالجنينة esch-schib-bā'k jiŧu'll ʿag-genē'ne; **~laden** ضرفة ال ~ đa'rfit esch ~; **~scheibe** ازاز ال ~ isā's esch ~; **~vorhang** ستارة ال ~ ßitā'rit esch ~; **Doppel~** مجوز ~ ~ mi'gωis; **Schiebe~** متحرك ~ ~ mutaħa'r-rik

Fliese بلاط balā'ŧ
Flügel جناح ganā'ħ
Flur, Gang دهليز dahlī's
Garage جراج garā'sch
Garten جنينة genē'ne; **Dach~** روف جاردن rūf gā'rden

Gebäude عمارة ʿimā'ra
Geschoß دور dōr; **Dach~** سطوح ~ ~ ßitū'ħ; **Erd~** ارضى ~ ~ a'rđi; **Keller~** بدروم badrō'm
Gitter شيش schīsch; **~tür** بوابة ~ baω-ωā'be ~
Halle دهليز dahlī's

Haus بيت bēt; **zwei-, dreistöckiges** { ~ بدورين ~ bidorē'n, bitā'lat-tidωā'r; بثلاثة ادوار } **nach ~e gehen** يروح ال ~ jirū'ħ el ~; **zu ~e sein** موجود فى ال ~ maugū'd filbē't; **~angestellte** خدام ehad-dā'm; **~besitzer** صاحب ~ ßā'ħib ~; **~herr(in)** سيد (ست) ~ ßī'd(ßitt); **~flur** دهليز dahlī's; **~halt** ادارة ال ~ ida'rit ~; **~hälterin** مديرة ال ~ mudī'rit el~; **~nummer** نمرة ال ~ ni'mrit el~; **Bauern~** عزبة ~ ~ ʿi'sbe; **Garten~** مصيف ~ ma'ßjaf; **Land~** ريف ~ ~ rīf; **Miet~** اجرة ~ ~ u'gra

Häuschen بيت صغير bēt ßiγa'j-jar
Heizung تدفئة tadfi'ʔa; **elektrische** ~ بالكهربا ~ ~ bilkahra'ba; **Warmwasser**~ بالميه السخنة ~ ~ bilma'j-je eß-ßu'chne; **Zentral**~ شفاش سنترال schof-fā'sch ßantrā'l
Herd دفاية daf-fā'je; **Gas**~ بالجاز ~ ~ bilgās
Hof (von Häusern eingeschlossen) حوش ħōsch
Hütte عشة ʕi'sch-sche
Jalousie شباك شيش schib-bā'k schīsch
Kamin شمينيه scheminē'
Kammer اودة ō'da; **Rumpel**~ كراكيب ~ ~ kara-kī'b; **Speise**~, **Vorrats**~ اكل (كرار) ~ ~akl, (karā'r)
Keller بدروم badrō'm
Klingel جرس ga'raß; **klingeln** يضرب ال ~ ji'đrab el ~; **auf den Knopf drücken** يضغط عالزر ji'đγat ʕas-sirr
Klosett بيت راحة اومرحاض bēt rā'ħa *od.* mirħā'đ
Korridor دهليز dahlī's
Küche مطبخ ma'tbach
Lampe لمبة la'mba; ~**nschirm** اباجور abagū'r
Leuchter شمعدان schamʕidā'n
Licht نور nūr; **elektrisch** ~ كهربا ~ ~ kahra'ba; ~**leitung** اسلاك ال ~ aßlā'k en ~; ~**schalter** تحويلة ال taħωī'lit en~

Sicherung الكبس el kubß; **die ~ ist durchgebrannt** ال ~ انحرق el ~ inħa'raʔ
Stecker فيش fīsch
Steckdose بريزة prī-se
Steckkontakt بريزة prī'se
Mansarde اودة سطوح ō'dit ßitū'ħ
Mauer حيطة ħē'ta
Miete إيجار igā'r; **Unter**~ من الباطن ~ ~ mil-bā'tin
mieten يأجر jiʔa'g-gar
Ofen دفاية daf-fā'je; **elektrischer** ~ بالكهربا ~ ~ bilkahra'ba; **Back**~ فرن furn; **Gas**~ بالجاز ~ ~ bilgā's

Pförtner, (Portier) بواب baω-ωā'b; **~loge, ~stube** ~ اودة ال ~ ō'dit el~
Riegel ترباس tirbā'ß
Saal صالة ßā'le
Salon صالون ßalō'n
Säule عمود ʕamū'd
Schloß قفل ʔifl; **Sicherheits~** ~ مسوجر ~ ~ mißō'gar
Schlüssel مفتاح muftā'ħ; **~bund** ربطة مفاتيح ra'bŧit mafatī'ħ; **Haus~** ~ البيت ~ ~ el-bēt
Schornstein مدخنة madcha'ne
Schuppen حظيرة ħasī'ra
Schwelle عتبة ʕa'tabe
Speicher مخزن ma'chsan
Springbrunnen فسقية faßʔi'j-je
Stock (werk) دور dōr; **Zwischen~** ~ مسحور ~ ~ maß-ħū'r
Tapete ورق حيطة ωa'raʔ ħē'ŧa
Teppich سجادة ßig-gā'de
Treppe سلم ßi'l-lim; **eine (zwei ~n) hoch wohnen** يسكن فى الدور الاول الثانى ji'ßkun fid-dō'r el-a'ω-ωal, et-tā'ni; **die ~ hinaufgehen (hinabgehen)** يطلع ال ~ (ينزل) ji'ŧlaʕ eß~, (ji'nsil); **~nabsatz** ~ بسطة ba'ßŧit eß~; **~ngeländer** درابزين ال ~ darabsī'n eß~; **~nstufe** درجة ال ~ da'ragit eß~; **Frei~** ~ برانى ~ ~ bar-rā'ni; **Hinter~** ~ ورانى ~ ~ ωar-rā'ni; **Vorder~** ~ قدمانى ~ ʕud-damā'ni; **Wendel~** ~ حلزونى ~ ~ ħalasō'ni

Tür باب bāb; **die ~ aufmachen (schließen, verriegeln, zuschließen)** يفتح، (يقفل، يتربس، يقفل بالقفل) ji'ftaħ, (ji'ʔfil, jita'rbiß, ji'ʔfil bil-ʔifl); **~drücker** سقاطة ßuʔʔā'ŧa; **~klinke** اكرة ukra; **~schild** ~ يافطة ال ~ ja'fŧit el~; **Dreh~** ~ داير ~ ~ dā'jir; **Haus~** ~ البيت ~ ~ el-bēt; **Hinter~** ~ ورانى ~ ωar-rā'ni
Villa فلا villa; **kleine ~** ~ صغيرة ~ ~ ßiγaj-ja'ra
Ventilator مروحة كهربائية marωa'ħa kahrabaʔi'j-je
Wand حيطة ħē'ŧa
Waschbecken حوض غسيل ħōđ γaßī'l

Waschküche محل غسيل maħa'll γaßī'l

Wasser ميه ma'j-je; **frisches (fließendes, kaltes, warmes) ~** (جارية، باردة، سخنة) ساقعة ~ ~ ßa'ˀˁa (ga'rje, ba'rde, ßu'ehne)**~hahn** حنفية ħanafi'j-jit ~; **~leitung** مواسير ~ mawaßī'r ~; **Trink~** شرب ~ ~ schurb

wohnen يسكن ji'ßkun

wohnhaft ساكن ßā'kin

Wohnung مسكن ma'ßkan; möblierte ~ مفروش ~ ~ mafrū'sch; **sonnige ~** فيه شمس ~ ~ fih schamß; **wieviele Räume hat die ~?** {ال ~ فيه كام اودة ؟} el ~ fīh kām ō'da? **in meiner ~** فى مسكنى fi maßka'ni; **Sommer~** مصيف ma'ßjaf

Wohnungswechsel عزال ˁisā'l

Die ~ hat sechs Räume, Bad und Garten ال ~ فيه ست اود و حمام وجنينة el ~ fīh ßitt ˀu'wad wiħam-mā'm wigenē'ne

Wo wohnen Sie? ساكن فين ßā'kin fēn?

Ich wohne ... Straße Nr. 6 {انا ساكن فى شارع ... نمرة ٦} ana ßā'kin fi schā'riˁ ... ni'mre ßi't-te

Haben Sie eine hübsche ~ gefunden? {لقيت ~ كويس؟} laˀē't ~ kuwa'j-jiß? **Unsere ~ ist sonnig (feucht)** مسكنا فيه شمس (رطوبة) maß-ka'n-na fīh schamß (rutū'be); **Zahlen Sie die Miete im voraus?** بتدفع الاجرة مقدم؟ biti'dfaˁel-u'gra muˀa'd-dam?

Zähler (Gas~, Licht~, Wasser~) {عداد (جاز، نور، ميه)} ˁad-dā'd (gās, nūr, ma'j-je)

Zaun سور ßūr

Zimmer اودة ō'da; **einfaches (elegantes, möbliertes, großes, kleines ~)** {~ بسيطة، (فاخرة، مفروشة، كبيرة، صغيرة)} ~ baßī'ta, (fa'ehra, ma-frū'scha, kebī'ra, ßiγaj-ja'ra); **einfenstriges (zweifenstriges) ~** بشباك (بشباكين) ~ ~ bischib-bāk' (bischib-bakēn); **~ mit einem Bett (mit zwei Betten)** بسرير (بسريرين) ~ ~ bißirī'r (bißi-rirē'n); **~ im 1. (2., 3.) Stockwerk** {فى الدور الاول (التانى، التالت)}

~ fid-dō'r el-a'ω-*ωal* (et-tā'ni, et-tā'lit); Arbeits~ شغل ~ ~ it schuγl; Bade~ حمام ħammā'm; Bibliotheks~ مكتب ~ ~ it ma'ktab; Billard~ بلياردو ~ ~ it bilja'rdo; Empfangs~ استقبال ~ ~ it ißti^ʔbā'l; Eß~ اكل ~ ~ it akl; Fremden~ ضيوف ~ ~ it đujū'f; Kinder~ اطفال ~ ~ it atfā'l; Lese~ قراية ~ ~ it ʔirā'je; Musik~ مزيكة ~ ~ it mas-sī'ka; Rauch~ تدخين ~ ~ it tađchī'n; Schlaf~ نوم ~ ~ it nōm; Wohn~ جلوس ~ ~ it gulū'ß

Ich möchte ein möbliertes Zimmer mit Frühstück عاوز اودة مفروشة مع الفطور ʕā'ωis ~ mafrū'scha maʕa el-futū'r

Mit separatem Eingang بمدخل منفصل bima'd-chal munfa'ßil

Wieviel kostet dieses Zimmer pro Tag (Woche, Monat)? كام اجرة ال ~ دى فى اليوم (فى الجمعة فى الشهر)؟ kam u'grit el ~ di filjo'm, (fil-gu'-mʕa, fisch-scha'hr)?

Gut, ich nehme das Zimmer طيب اخد ال ~ دى ta'j-jib ā'chud el~ di

Das ist zu teuer دى غالية قوى di γa'lje ʔa'ωi

anstreichen يبيض jiba'j-jađ

Anstrich بياض bajā'đ

Anzahlung عربون ʕarbū'n; eine ~ machen يدفع ~ ji'dfaʕ ~

ausziehen يعزل jiʕa's-sil

bauen يبني ji'bni

einziehen ينتقل jinti'ʔil

kündigen يخطر ji'chtir; zum nächsten Monatsersten ~ اول الشهر التالى ~ ~ a'ω-ωil esch-scha'hr et-tā'li

Kündigung اخطار ichtā'r; monatliche (vierzehntägige, wöchentliche) ~ ~ كل شهر (كل اربعة عشر يوم كل جمعة) ~kull scha'hr (kull arbaʕtā'scher jōm, kull gu'mʕa)

lüften يهوى jiha'ω-ωi

Lüftung تهوية tahωi'je

mieten يستأجر jißta'ʔgar
Mieter مستاجر mußta'ʔgir; **Dauer~** اصلى ~ ~a'ßli;
Unter~ من الباطن ~ ~mil-bā'ŧin
Putzfrau خدامة ȼhad-dā'me
reinigen يطهر jiŧa'h-har
renovieren يجدد jiga'd-did
tapezieren ينجد jina'g-gid
umziehen يعزل jiʕa's-sil; **Umzug** عزال ʕisā'l
vermieten يأجر jiʔa'g-gar; **Vermieter** مأجر miʔa'g-gar

Hotel, Pension

لوكندة نوم، بنسيون loka'ndit nōm, penßijō'n

(Siehe auch Gruppen Bade- und Kurort, Café, Restaurant, Essen und Trinken, Reise, Speisen, Sport, Vergnügen, Toilettenartikel, Verkehrsmittel, Zeit, Zahlwörter)

Kann ich ein Zimmer haben? عندك اودة لى؟ ʕa'n-dak ō'da li'j-je?

Haben Sie (möblierte) Zimmer? عندك اودة مفروشة؟ ʕa'ndak ōda mafrū'scha?

Ich möchte ein Zimmer mit einem Bett (zwei Betten) und Bad عاوز اودة بسرير (بسريرين) وحمام ʕā'ωis ~ bißirī'r, (bißirirē'n) ωiħam-mā'm

Wünschen Sie ein Balkonzimmer nach dem Garten? تحب اودة ببلكون عالجنينة؟ tiħi'bb ō'da bibalkō'n ʕag-ginē'ne?

Das ist ganz gleich, wenn das Zimmer nur geräumig und ruhig ist und eine schöne Aussicht hat زى بعضه ما دامت الاودة واسعة وهادية وتطل على منظر كويس sajj baʕ'đu ma dā'mit elōda ωa'ßʕa ωiha'dje, ωiŧ-ŧu'll ʕala ma'nsir kuωa'j-jiß

Wieviel kostet es pro Nacht (Woche, Monat)? اجرتها كام فى الليلة، (فى الجمعة، فى الشهر)؟ ugri'tha kām fi-lē'le, (fil-gu'mʕa, fisch-scha'hr)?

Das ist mir zu teuer. Können Sie nichts ablassen? دى غالية علىّ تقدر تنقص الاجرة؟ di γa'lje ʕale'j-je, ti'ʔdar tina'ʔʔaß el-u'gra?

Einschließlich Bedienung? داخلها الخدمة؟ dachi'lha el-chi'dme?

Haben Sie vielleicht ein besseres (billigeres, größeres, kleineres) Zimmer? {عندك اودة احسن (ارخص، اكبر، اصغر)؟} ʕa'ndak ō'da a'ħßan, (a'r-chaß, a'kbar, a'ßγar)?

Kann ich es sehen? اقدر اشوفها؟ a'ʔdar aschu'fha?

Ich hatte ein Zimmer bestellt انا طلبت حجز اودة a'na ŧala'bt ħags ō'da

Wir haben es reserviert حجزناها ħagasnā'ha

Wie lange gedenken Sie zu bleiben? {راح تقعد قد ايه؟} rāħ to'ʔʕud ʔa'ddi ē?

Drei Tage (Wochen) ثلاث ايام (جمع) ta'lat-tij-jā'm, (gu'maʕ)

Gut, ich nehme das Zimmer طيب اخد الاوة دى ŧa'j-jib ā'chud el-ō'da di

Bitte holen Sie mein Gepäck vom Bahnhof من فضلك هات شنطى من المحطة min fa'đlak hāt schu'naŧi mil-maħa'ŧ-ŧa

Geben Sie volle Pension? بتدوا بنسيون كامل؟ biti'd-du penßjō'n kā'mil?

Wann wird gespeist? امتى معاد الاكل؟ imta maʕā'd el-akl?

Darf ich um Ihre Pässe bitten? من فضلكم البسا بورتات min fađlu'kum el-baßabortā't

Wünschen Sie den Kaffee in Ihrem Zimmer? تحب الفطور فى الاودة؟ tiħi'bb el-fuŧū'r fil-ō'da?

Wollen Sie etwas anzahlen? تسمح تدفع شئ مقدم؟ ti'ßmaħ ti'dfaʕ scheʕ muʔa'd-dam?

Ich möchte die Rechnung gleich bezahlen, da ich morgen früh abreise {عاوز ادفع الحسا ب لانى مسافر بكرة بدرى} ʕā'ωis a'dfaʕ el-ħißā'b liʔa'n-ni mißā'fir bo'kra ba'dri

Wann wünschen Sie geweckt zu werden? تحب تصحى امتى؟ tiħi'bb ti'ßħa i'mta?

Bitte wecken Sie mich morgen um sieben Uhr! من فضلك صحيني بكرة الصبح الساعة سبعة min fa'đ-lak ßaħ-ħi'ni bu'kra eß-ßubħ eß-ßā'ʕa ßa'bʕa
Die Rechnung bitte! الحساب من فضلك؟ el-ħißā'b min fa'đlak
Ist Post für mich gekommen? فيه بوستةعشانى؟ fīh bo'ßŧa ʕaschā'ni?
Sollte nach meiner Abreise noch Post für mich eintreffen, senden Sie sie mir bitte an folgende Adresse nach .... ان جات لى بوستة بعد سفرى من فضلك ابعتها عالعنوان ده in ga'tli bō'ßŧa baʕd ßa'fari min fa'đlak ibʕa'tha ʕal-ʕunwā'n de
Bad حمام ħam-mā'm
Bedienung خدمة chi'dme
Ist ~ einbegriffen? الخدمة محسوبة؟ el-chi'dme maħßū'ba?
Wieviel berechnen Sie für ~? كام تحسب عشان ~؟ kām ti'ħßib ʕaschā'n ...?
Beleuchtung نور nūr; **einschließlich Heizung und ~** بما فيه التدفئة والنور bima fīh et-tadfi'ʔa ɷin-nū'r
Hotelbesitzer صاحب لوكندة ßā'ħib loka'nda
Dolmetscher ترجمان turgumā'n
Fahrstuhl اسانسير aß-ßanßö'r
Fremdenbuch دفتر الزوار da'ftar es-suɷ-ɷā'r
Garage جراج garā'sch
Gasthaus, Gasthof لوكندة نوم loka'ndit nōm
Geschäftsführer وكيل محل ɷakī'l maħa'll
Hausdiener خدام chad-dā'm
Heizung تدفئة tadfi'ʔa; **Dampf~** ~ ~ بالبخار bil-buchā'r; **Warmwasser~** ~ ~ بالميه السخنة bil-ma'j-ja eß-ßu'chne; **Zentral~** شوفاش سنترال schof-fā'sch ßintrā'l
Hotel لوكندة loka'nda; **~ ersten (zweiten) Ranges** ~ ~ درجة اولى (ثانية) da'rage ū'la, (ta'nje) ra'j-jiß
Kellner (Zimmer~) فراش far-rā'sch; **Ober~** ريس
Klingel جرس ga'raß

klingeln يضرب ال ~ ji'đrab el~ **einmal (zweimal, dreimal) ~** يضرب ال ~ مرة (مرتين ، ثلاث مرات) ji'đrab el~ ma'r-ra, mar-retē'n, ta'lat mar-ra't

Die Klingel funktioniert nicht ال ~ ما بيضربش el~ ma bijiđra'bsch

Kost اكل akl; **~ und Logis** ~ ~ ونوم ωinōm;

Kurtaxe ضريبة علاج đarī'bit ʕilā'g

(Licht-) Schalter سويتش النور ßωi'tsch en-nū'r

Pension بنسيون penßijō'n

Portier بواب baω-ωā'b

Rechnung حساب ħißā'b; **die ~ quittieren** يخلص الـ~ jieħa'l-laß el~

schuhputzen تنضيف الجزم tanđī'f el-gi'sam

Speisesaal صالة الاكل ßā'lit el-akl

Stubenmädchen خدامة eħad-dā'me

Table d'hôte تابل دوت tabl dōt

Terrasse تراس terā'ß

Toilette بيت راحة bēt rā'ħa; **~ für Damen** ~ للستات ~liß-ßitā't; **~ für Herren** ~ ~ للرجال lir-rigā'l; **~npapier** ~ ورق ωa'raʔ~

Trinkgeld بقشيش baʔschī'sch; **dem Kellner ein ~ geben** ~ يدى الخدام ji'd-di el-eħad-dā'm ~

Wasser: fließendes ميه جارية ma'j-ja ga'rje

Wirt صاحب لوكندة ßā'hib loka'ndà

Zimmer اودة ō'da; **Lese~** ~ قراية ~it ʔirā'je; **Schreib~** ~ كتابة ~it kitā'be

Kleidung ملابس malā'bis

(Siehe auch Gruppen Bade- und Kurort, Geschäfte, Reise, Sport, Wetter, Zeit)

Der Anzug sitzt Ihnen wie angegossen البدلة لايقة عليك كأنها متفصلة el-ba'dle la'jʔa ʕalē'k ka'ʔan-ne'ha mitfaß-ßa'le

der ~ wirft Falten البدلة بتعمل كسرة el-badle beti'ʕmil ka'ßra

. . . **ist vorne länger** طويلة من قدام ~|~ ŧaωī'le min ʔud-dā'm

. . . **hat einen zu engen Rücken** الظهر ضيق شوية ~ ~ eđ-đa'hr đa'j-jaʔ schuωa'j-je

. . . **muß enger (kürzer, weiter) gemacht werden** لازم تضيق (تتقصر، تتوسع) ~|~ lā'sim tiđ-đa'j-jaʔ (titʔa'ß-ßar, titωa'ß-ßaʕ)

Das Kleid ist sehr modern الفستانده مودة خالص el-fußtā'n de mō'da ehā'liß

~ **abgetragen** منسل ~~ mina'ß-ßil; ~ **geschmacklos** مش ذوق ~ ~ misch sōʔ; ~ **hell** فاتح ~ ~ fā'tiħ

Dieses Kleid steht Ihnen gut الفستانده لايق عليك el-fußtā'n de la'jiʔ ʕalē'ki;

~ **macht schlank** مرفعك ~ ~ miraf-fa'ʕik; ~ **trägt auf** متخنك ~ mitach-cha'nik

Er kleidet sich geschmackvoll يلبس بذوق biji'l-biß bisō'ʔ; ~ **vornehm** عال ~ ~ ʕāl; ~ **elegant** شيك ~ ~ schīk; ~ **einfach** سادة ~ ~ ßā'de; ~ **bescheiden** حشمة ~ ~ ħi'schme; ~ **nachlässig** مبهدل ~ ~ miba'hdil

Die Krawatte paßt gut (schlecht) zum Anzug الكرافاتة ماشية (مش مشية) مع البدلة el-karawa't-ta ma'schje (misch ma'schje) maʕal-ba'dle

ändern يغير jiγa'j-jar; **Änderung** تغيير taγjī'r

Anprobe بروفة brō'wa; **anprobieren** يعمل بروفة ji'ʕmil brō'wa

. . . **ist zu weit (eng, kurz, lang)** . . . واسع (ضيق، قصير طويل) ωā'ßiʕ (đa'j-jaʔ, ʔußa'j-jar, ŧaωī'l)

. . . **sitzt sehr gut** كويس خالص kuωa'j-iß ehā'liß

Sie müssen . . . etwas kürzer (länger, weiter, enger) machen لازم . . . تقصر شوية (تطول، توسع، تضيق ~) lā'sim . . . tiʔa'ß-ßar, schuωa'j-je (titaω-ωil, tiωa'ß-ßaʕ, tiđa'j-jaʔ)

anziehen: sich ~ يلبس ji'lbiß; **er ist immer gut angezogen** دايما يلبس كويس da'jman ji'lbiß ku-ωa'j-jiß

Anzug بدلة ba'dla; **fertiger ~** جاهزة ~ ~ ga'hsa; **~ nach Maß, auf Bestellung** تفصيل ~ ~ tafßī'l; **vollständiger ~** كاملة ~ ~ ka'mle; **Sommer~** صيفي ~ ~ ßē'fi; **Gesellschafts~** سهرة ~ ~ ßa'hra; **Schlaf~** بيجاما bischā'ma; **Winter~** شتوي ~ ~ schi'tωi

Ärmel كم kumm

aufbügeln يكوي ji'kωi

ausbessern يصلح jißa'l-laħ

Ausschnitt فتحة صدر او ديكولتيه fa'tħit ßidr *od.* dekoltē'

ausziehen: sich ~ يقلع ملابسه ji'ʔlaʕ mala'bsu

Band رباط rubā'ŧ; **Seiden~** حرير ~ ~ ħarī'r; **Gummi~** كاوتش ~ ~ kaωi'tsch

Binde رباط rubā'ŧ; **Damen~** حيض ~ ~ ħēđ

Bluse بلوز blūs

Büstenhalter كركة او كاش كرسيه ka'raka *od.* kā'sch korßē'

Falte كسرة ka'ßra

Farbe لون lōn; **blau (lichtblau), dunkelblau** ازرق ، ازرق فاتح ، ازرق غامق a'sraʔ, a'sraʔ fā'tiħ, a'sraʔ γā'miʔ; **braun** اسمر a'smar; **gelb** اصفر a'ßfar; **grau** رمادي ramā'di; **grün** اخضر a'chdar; **hell** فاتح fā'tiħ; **rot** احمر a'ħmar; **schwarz** اسود i'ßωid; **weiß** ابيض a'bjađ

färben يصبغ ji'ßbuγ

Fleck بقعة bo'ʔʕa; **~ entfernen** يطلع البقع jiŧa'l-laʕ el-bo'ʔʕa

flicken يرقع jira'ʔʔaʕ

Frack فراك frāk

Fußbekleidung كسوة الرجلين ki'ßωit er-riglē'n

Absatz كعب kaʕb; **hohe (flache) Absätze** كعوب عالية (مسطحة) kuʕū'b ʕā'lje (mißaŧ-ŧa'ħa); **Gummi~** كاوتش ~ ~ kaωi'tsch; **mit Absätzen versehen** يركب الكعوب jira'k-kib el-kuʕū'b

besohlen يركب نعل jira'k-kib naʕl

Gamaschen جتر getr
Kappe وش جـزمـة ωischsch ga'sme; **Lack~** لميع ~ ~ lam-mī'ʕ; **Leder~** جلد ~ ~ gild
Leder جلد gild; **Eidechsen~** سحلية ~ ~ ßiħli'j-je; **Kalb~** بقر ~ ~ ba'ʔar; **Krokodil~** تمساح ~ ~ timßā'ħ; **Ober ~** ~ وش ωischsch ~; **Schlangen~** تعبان ~ ~ tiʕbā'n; **Ziegen~** معيز ~ ~ meʕī's
Leisten قالب جزمة ʔā'lib ga'sma; **auf den ~ schlagen** يحط فى قالب jiħu'ŧŧ fil-ʔā'lib
Pantoffel شبشب schi'bschib
putzen ينضف jina'ɑ̃-ɑ̃af
Sandale صندل ßa'ndal
Schnürsenkel رباط الجزمة rubā'ŧ el-ga'sme
Schuh جزمة ga'sma; **der linke (rechte) ~ drückt** الفردة الشمال (اليمين) ضيقة el-fa'rde esch-schimā'l (el-jemī'n,) ɑ̃aj-ja'ʔa; **welche Nummer tragen Sie?** بتلبس نمرة كام؟ biti'lbiß ni'mra kām?; **~laden** دكان بيع جزم duk-kā'n bēʕ gi'sam; **~putzer** بويجى او مساح جزم boja'gi *od.* maß-ßā'ħ gi'sam; **~sohle** نعل ~ naʕl ~; **~waren** جزم gi'sam; **Ball~** جزمة سهرة ga'smit ßa'hra; **Gummi~** كاوتش ~ ~ kaωi'tsch; **Halb~** نص ~ ~ nuß-ß; **Haus~** شبشب schi'bschib; **Lack~** لميعة ~ ~ lam-mī'ʕa; **Über~** جزمة mass

Socke شراب scharā'b; **~nhalter** رباط ~ rubā'ŧ ~
Sohle: Doppel~ نعل مجوز naʕl mi'gωis; **Einlege~** فرشة ~ ~ fa'rsche; **Kork~** فل ~ ~ fill
Stiefel جزمة ga'sma; **~knecht** لبيسة جزم lab-bī'ßit gi'sam
Strumpf شراب scharā'b; **ein Loch im ~** ال ~ مخروم ~ esch~ maχrū'm; **einen ~ stopfen~** يرفى ال ji'rfi esch~; **~band** رباط ~ rubā'ŧ ~; **~haltergürtel** رباط ~ بحمالة rubā'ŧ ~ biħam-mā'le; **~waren** شرابات scharabā't; **Halb~** قصير ~ ~ ʔußa'j-jar
Futter بطانة bita'ne
füttern يبطن jiba'ŧ-tan

Gewebe نسيج naßī'g
Gürtel حزام ħisā'm; **~schnalle** ~ ابزيم absī'm ~
Handschuh جوانتى guωa'nti; **seidener (wollener, lederner)** ~ (صوف، جلد) حرير ~ ~ ħarī'r (ßūf, gild); **Faust~** من غير اصابع ~ ~ min γēr aßā'biʕ; **Glacé** اجلاسيه ~ ~ aglaßē'; **Pelz~** فرو ~ ~ fa'ru; **Garn~** خيط ~ ~ chēt; **welche Nummer tragen Sie?** بتلبس انهو نمرة؟ biti'lbiß a'nhu ni'mra?
Hemd قميص ʔamī'ß; **baumwollenes (farbiges, leinenes, seidenes, weißes, wollenes)** (ملون، تيل، حرير، ابيض، صوف) قطن ~ ~ ʔutn (mila'ω-ωin, tīl, ħarī'r, a'bjađ, ßūf); **~ mit festem (losem) Kragen** (سايبة) ياقة ثابتة ~|~ bijā'ʔa ßa'bte (ßa'jbe); **~mit gestärkter Brust** بصدر منشى ~ ~ bißi'dr mina'sch-schi; **~hose** كبنيزون kombinesō'n; **Flanell~** فانلة ~ ~ fane'l-le; **Nacht~** نوم ~ ~ nōm; **Unter~** فانلة fane'l-le
Hose بنطلون bantalō'n; **enge (weite)** ~ ضيق ~ (واسع) ~ đa'j-jaʔ (ωā'ßiʕ); **Knie~** قصير ~ ~ ʔußa'j-jar; **Unter~** لباس libā'ß; **Knickerbocker** قصير ~ ~ ʔußa'j-jar
Hosenträger حمالة بنطلون ħam-mā'lit bantalō'n
Hut برنيطة barnī'ta
Jackett جاكتة schake'ta; **ein-, zweireihiges** ~ بصف، بصفين ~ ~ bißa'ff, bißaf-fē'n
Jackenkleid جاكتة وجونلة حريمى schakē'ta ωigone'l-la ħarī'mi

Jagdjoppe جاكتة صيد schakē'tit ßed
Kleid فستان fußtā'n; **Abend~** سهرة ~ ~ ßa'hra; **Ausgeh~** خروج ~ ~ churū'g; **Ball~** بالو ~ ~ ba'l-lo; **Hochzeits~** عرايس ~ ~ ʕarā'jiß; **Sport~** سبور ~ ~ ßpōr; **Trauer~** حداد ~ ~ ħidā'd; **Unter~** قميص تحتانى ʔamī'ß taħtā'ni
Kleider|bügel شماعة هدوم scham-mā'ʕit hidū'm; **~laden** دكان هدوم duk-kā'n hidū'm; **~saum** حرف هدوم ħarf hidū'm

Kleidung ملابس malā'biß
Knopf زرار surā'r; **~loch** عروة ʕi'rωa; **Druck~** كبسون kabßū'n; **Kragen~** ~ ~ ياقة jā'ʔa; **Manschettenknöpfe** زراير اساور sarā'jir aßā'ωir
  abgehen يقع ju'ʔaʕ
  annähen يخيط jiḫa'j-jaṭ
  aufknöpfen يفك الزراير jifu'kk es-sarā'jir
  einreihig بصف واحد bißa'ff ωā'ħid
  zweireihig بصفين bißaffē'n
  versetzen ينقل ji'nʔil
  zuknöpfen يزرر jisa'r-rar
Knoten عقدة ʕu'ʔde; **einen ~ machen** ~ يعقد ji'ʕʔud
Kombination كبنيزون kombinisō'n
Kopfbedeckung كسوة الراس ki'ßωit er-rāß
  abnehmen يخلع ji'ḫlaʕ
  aufsetzen يلبس ji'lbiß
  Hut برنيطة barnī'ṭa
  Hut: hoher (niedriger) ~ ~ عالية (واطية) ʕa'lje, ωa'ṭje; **steifer, runder** ~ ~ ناشفة، مدورة na'schfe, midaω-ωa'ra; **weicher** ~ ~ طرية ṭari'j-je; **~form** قالب ~ ʕā'lib ~; **~händler** تاجر برانيط tā'gir baranī'ṭ; **~schachtel** ~ علبة ʕi'lbit ~; **~schleier** ~ طرحة ṭa'rħit ~; **Damen~** ~ ~ ستات ßit-tā't; **Filz~** ~ ~ جوخ gū'ḫ; **Herren~** ~ ~ رجال rig-gā'l; **Stroh~** ~ ~ قش ʔaschsch; **Zylinder** ~ ~ هوت فورم hōt fōrm

  Kappe طاقية ṭaʔi'j-je
  Kapuze طرطور ṭarṭū'r
  Krempe حرف ħarf; **breite, schmale** ~ ~ عريض [كنز] ʕarī'đ, ki'nis
  Mütze طاقية ṭaʔi'j-je; **Basken~** بيريه birē'; **Reise~** ~ سفر ṭaʔi'j-jit ßa'far; **Schirm~** كاسكيت kaßke'tt
Kostüm بدلة حريمى ba'dla ħarī'mi
Kragen ياقة jā'ʔa; **steifer, gestärkter** ~ ~ ناشفة، منشية na'schfe, minasch-schi'j-je; **~knopf** ~ زرار

surā'r~; ~nummer ~ نمرة ال ni'mrit el ~;
Mantel~ بالطو ~ ~ it ba'lto; **Pelz~** فرو ~ ~ faru; **Steh~** واقفة ~ ~ ωa'ʔfa; **Umlege~** مقلوبة ~ ~ maʔlū'ba

Krawatte كارافتة karawa'tta; **gestreifte, geblümte, karierte ~** مقلمة مسجرة بمربعات ~ ~ miʔal-li'me, mißag-ga'ra, bimrab-baʕā't; **~nnadel** دبوس ~ dab-bū'ß ~

Livree طاكم خدم tā'kim eha'dam

Machart طريقة العمل tarī'ʔit el-ʕa'mal
sich machen lassen يعمل عند ji'ʕmil ʕand
Wie soll ich Ihnen . . . machen? عاوز اعمل لك ... ازاى؟ aʕ'ωis aʕmi'l-lak ... es-sa'j ?
nach der neuesten Mode آخر مودة ā' ehir mōda

Manschette اسورة ißωi're

Mantel بالطو bā'lto, **Bade~, Frisier~** برنس حمام، مزين ~ bur'nuß ham-mā'm, ~ misa'j-jin; **Pelz~** فرو ~ ~ fa'ru; **Regen~** مطر ~ ~ ma'tar; **Übergangs~** دمى سيزون ~ ~ demi' ßesō'n

Maß مقاس maʔā'ß; **nach ~ anfertigen** يعمل حسب ال ~ ji'ʕmil ha'ßab el~;
~ nehmen ياخد ال ~ jā' ehud el~

Mode مودة mō'da; **~ sein** مودة mō'da; **aus der ~ kommen** بطلت مودته bitlit mo'dtu; **~artikel** حاجة ~ hā'ga ~; **~nschau** معرض مودات ma'ʕrad modā't; **~nzeitung** جرنال ~ gurnā'l ~

Modell طرز tars; **Original~** اصلى ~ ~ a'ßli

Modistin بياعة برانيط baj-jā'ʕit baranī't

Muff فرو ايدين fa'ru idē'n

Muster عينة ʕaj-ji'ne; nach ~ حسب ال ~ ha'ßab el~;
~karte كتالوج ~ katalō'g~; **~kollektion** مجموعة عينات magmū'ʕit ʕaj-jinā't

Näherin خياطة ehaj-jā'ta; **Weiß~** بياضات ~ ~ it baj-jadā't

Netzjäckchen جاكتة حريمى شبيكة schak-ke't-te harī'mi schibē'ke

Paar جوز gōs

Pelz فرو far'u; **~gefüttert** مبطن ~ ~ miba't-tan **~verbrämt** مكلف ~ ~ mika'l-lif; **~geschäft** ~ محل maħa'll~; **~kragen** ~ ياقة jā'ʔa~; **~mantel** ~ بالطو ba'lto~

Pullover بلوفر blō'war

Pyjama بيجاما pischā'ma

Qualität صنف ßanf; **minderwertige (vorzügliche ~** (عال) واطى ~ ~ωā'ti, ʕāl; **Ware erster (zweiter) ~** بضاعة درجة اولى (ثانية) biđa'ʕa da'raga ū'la, (ta'nje); **gangbare (mittlere) ~ ~** (متوسطة) رايجة rā'jig (mitωa'ßßat)~

reinigen ينضف jina'đ-đaf; **chemisch ~** كيماوى ~ ~ kimā'ωi

Reißverschluß سوستة ßu'ßta

Rock: Frauen~ جونلة gone'l-la; **Herren~** جاكتة رجالى schak-ke't-ta rigā'li; **Über~** بالطو ba'lto; **Unter~** جونلة تحتانية gone'l-le taħta-ni'j-je

Schal شال schāl

Schärpe وشاح ωischā'ħ

Schleier طرحة ta'rħa

Schleife عقدة ʕo'ʔda; **eine ~binden** ~ يعقد ji'ʕʔud~

Schlüpfer لباس ستات libā'ß sit-tā't

Schneider خياط chaj-jā't; **~in** خياطة chaj-jā'ta; **Damen~** ستات ~ ~ sit-tā't

bügeln يكوى ji'kωi

Faden خيط chēt

Fingerhut كستبان kußtibā'n

Garn خيط chēt

Haken شنكل scha'nkal

heften يسرج jißa'r-rag

Nadel ابرة i'bre; **~kissen** مخدة ابر micha'd-dit i'-bar; **Steck~** دبوس dab-bū'ß; **Sicherheits~** دبوس انجليزى dab-bū'ß inglī'si

nähen يخيط jicha'j-jat

Nähmaschine مكنة خياطة ma'kanit chijā'ta

Naht خياطة chijā'ta; **die ~ ist aufgegangen** ال ~ انفكت el~ infa'k-kit

Öse عين ʕēn
Saum حرف ħarf
Schere مقص miʔa'ßß
Schnitt قصة ʔa'ß-ßa; **~muster** ~ عينة ʕaj-ji'nit el~
Stich غرزة γu'rse; **weiter ~** واسعة ~ ~ ωa'ßʕa; **kleiner ~** ضيقة ~ ~ đaj-ja'ʔa
zuschneiden يقص jiʔu'ßß
Zwirn خيط ehēt

Schnur دوبارة dubā'ra
Schürze مريلة marja'le
Schweißblatt سو براه ßū' brā
Seide حرير ħarī'r
Spitzen سن ßinn
sticken يطرز jita'r-ras
Stickerei تطريز tatrīs
Stoff قماش ʔumā'sch; **der ~ läuft ein** ~ يكش ~ el~ bijki'sch; **den ~ für ein Kleid kaufen** يشترى ~ للفستان jischti'ri ~ lilfußtā'n; **einfarbiger, (gestreifter, karierter, bunter) ~** ~ ~ سادة (مقلم، بمربعات، ملون) ßā'de, (miʔa'l-lim, bimrab-baʕā't, mila'ω-ωin); **gemusterter ~** ~ ~ برسومات birßumā't; **dünner, (leichter, starker, schwerer, grober)** ~ رفيع، (خفيف جامد تقيل خشن) rifa'j jaʕ, (ehafī'f, gā'mid, teʔī'l, ehi'schin); **haltbarer ~** ضيان ~ ~ đajā'n; **dunkler ~** غامق ~ ~ γā'miʔ; **heller ~** فاتح ~ ~ fā'tiħ; **lichtechter ~** ما يبهتش ~ ~ ma jibha'tsch; **waschbarer ~** يتغسل ~ ~ jitγi'ßil; **Sommer~** صيفى ~ ~ ßē'fi; **Winter~** شتوى ~ ~ schi'tωi; **~reste** ~ فضلة fa'-đlit ~
Rückseite ظهر đahr
Vorderseite صدر ßidr
Atlas اطلس a'tlaß
Baumwolle قطن ʕutn
Flanell فانلة fane'l-le
Kammgarn خيط مبروم ehēt mabrū'm

Leinen تيل tīl
Loden صوف خشن ßūf c̶h̶i'schin
Musselin موسلين mußlī'n
Samt قطيفة ʔaŧī'fe
Seide حرير ħarī'r; **Kunst~** صناعى ~ ~ ßinā'ʕi; **Roh~** خام ~ ~ c̶h̶ām; **Wasch~** يتغسل ~ ~ jitγ-i'ßil
Wolle صوف ßūf; **reine ~** حر ~ ~ ħurr
stricken يشتغل تريكو jischta'γal trikō'
Taille وسط ωißŧ
Tasche جيب gēb; **in die ~ stecken** يحط فى ال~ jiħu'ŧŧ fil~; **Brust~** جوانى ~ ~guω-ωā'ni; **Hand~** شنطة ايد scha'nŧit īd; **Hosen~** جيب بنطلون gēb ban-ŧalō'n; **Rock~** سترة ~ ~ ßi'tra
Tuch قماش ʔumā'sch; **Hals~** كوفية kufi'j-je; **Taschen~** منديل mandī'l
Überzieher بالطو ba'lŧo
Uniform بدلة رسمية ba'dla raßmi'j-je
Wäsche بياضات baj-jađā't; **reine, schmutzige, frischgewaschene ~** نضيفة وسخة مغسولة ~ ~ nađī'fe, ωi'ßc̶h̶a, maγßū'le; **Leib~** ملابس تحتانية malā'-biß taħtani'j-je

in die Wäsche geben يبعت للغسيل ji'bʕat lil-γaßī'l
Können Sie mir die Wäsche besorgen? تقدر تغسل لى الغسيل؟ ti'ʔdar tiγßi'l-li el-γaßī'l?
Wann bekomme ich die Wäsche zurück? امتى ييجي الغسيل؟ imta jī'gi el-γaßī'l?
plätten يكوى ji'kωi
Plätteisen مكوة ma'kωa
stärken ينشى jina'sch-schi
waschen يغسل ji'γßil
Waschfrau غسالة γaß-ßā'le
Waschtag يوم الغسيل jōm el-γaßī'l
wenden يقلب ji'ʔlib
Weste صديرى ßidē'ri; **ein-, zweireihige** ~ بصف، ~ بصفين bißa'ff, bißaf-fē'n

Konzert, Theater, Kino

كنسير. تياترو. سنما konßē'r, tija'tru, ßi'nima

(Siehe auch Gruppe Sport, Vergnügungen, Verkehrsmittel)

Ins Konzert, (ins Theater, in die Oper, ins Kino, in den Zirkus) gehen يروح الكنسير، (التياترو، الاوبرا، السنما، السرك) jirū'ħ el-konßē'r, (et- tija'tru, el-ō'pera, eß-ßī'nima, eß-ßi'rk)

Wann fängt die Vorstellung an? امتى يبتدى العرض؟ i'mta jibti'di el-ˁarđ?

Was wird gegeben? حا يعرضوا ايه؟ ħa jiˁri'đu ē'?

Wann wird es aus sein? امتى يخلص العرض؟ i'mta ji'ehlaß el-ˁarđ?

Lohnt es sich, hinzugehen? يستحق المرواح؟ jißtiħa'ʔ el-mirωā'ħ?

Ja! Sie sollten es nicht verpassen ايوه ماتفوتوش a'jωa matfutū'sch

Ausgang خروج ehurū'g; **Not~** محل ~ احتياطى maħa'll ~ iħtijā'ti

Eingang مدخل ma'dehal; **Haupt~** ~ رئيسى ~ raʔī'ßi; **Seiten~** ~ جانى ~ gā'nibi

Erfrischung مرطبات mirat-tabā't; **~sraum** بوفيه bufē'

Garderobe فستيير weßtjē'r; **~nmarke** ~ تذكرة tas-ka'rit ~; **~nständer** شماعة هدوم scham-mā'ˁit hudū'm

Seine Sachen ablegen يحط حاجاته فى الفستيير jiħu'tt ħagā'tu fil-weßtijē'r

Kabarett كباريه kabarē'

Kasse (Tages~, Theater~) خزنة eha'sne

Billett, Karte تذكرة taska'ra; **Abonnement~** ~ ~ اشتراك it ischtirā'k; **Frei~** ~ ~ مجانى mag-gā'ni

Eintrittskarte تذكرة دخول taska'rit duehū'l

Vorverkauf بيع مقدم bēˁ muʔa'd-dam; **eine Karte im ~ lösen** يقطع تذكرة مقدم ji'ʔtaˁ taska'ra mu'a'd-dam; **wann beginnt der ~?** امتى يبتدى ال ~؟ imta jibti'di el~?; **der ~ hat begonnen** ال ~ ابتدا el~ ibta'da

Schlange stehen يقف فى الصف ju'ʔaf fiß-ßa'ff

Kino سنما ßi'nima

Film فلم fi'lm; **einen ~ aufführen** يعرض ~ ji'ʕriđ ~; **einen ~ drehen** يدور ~ jida'ω-ωar ~; **~aufführung** عرض ال ~ ʕarđ el~; **schauspieler (in)** ممثل (ممثلة) muma'ß-ßil (mumaß-ßi'le); **Kriminal~** بوليسى ~ ~ bulī'ßi; **Kultur~** ثقافى ~ ßaʔā'fi; **Trick~, Zeichen~** صور ~ ~ ßu'ωar

Leinwand شاشة schā'sche

Mickey-Maus ميكى ماوس mi'ki ma'ωiß

Vorbereitung: in ~ في التحضير fit-taħđī'r

Vorführung اخراج iehrā'g

Vorschau العرض الجاى el-ʕarđ el-ga'jj

Wochenschau العرض الاسبوعى el-ʕarđ el-ußbū'ʕi

Konzert كنسير konßē'r; **ein ~ veranstalten** ينظم ~ jina'ẓ-ẓam ~; **~saal** صالة ~ ßā'lit el~; **Symphonie~** سمفونى ~ ~ ßimfonī'

Alt واطي ωā'ti

Begleitung مسايرة mußa'jre

Dirigent شيف د وركستر schēf dorke'ßtr

dirigieren يدير jidī'r

Gesang غنوة γi'nωa

Hymne نشيد naschī'd

Kapelle فرقة مزيكة fi'rʔit mas-sī'ke; **Militär~** الجيش ~ ~ el-gēsch

Kapellmeister ريس فرقة مزيكة ra'j-jiß fi'rʔit mas-sī'ke

Lied غنوة γi'nωa; **Volks~** شعبية ~ ~ schaʕbi'j-je

Musikstück قطعة مزيكة ʔi'tʕit mas-sī'ke

Orchester اوركستر orke'ßtr; **Blas~** الات هوائية ~ ~ alā't haωaʔi'j-je; **Streich~** الات وترية ~ ~ alā't ωatari'j-je

Orgel ارغول arγū'l

Sänger(in) مغنى (مغنية) miγa'n-ni (miγan-ni'j-je)

singen يغني jiγa'n-ni; **falsch** ~ نشاز ~ ~ naschā's
spielen يضرب مزيكة ji'ᾶrab mas-si'ke
Stimme صوت ßōt; **kräftige (schwache)** ~ جامد ~ (ضعيف) ~ gā'mid (ᾶaˁī'f)
Tonleiter سلم المزيكة ßi'l-lim el-mas-sī'ke
Oper اوبرا ō'pera; **~nglas** ~ نضارة naᾶ-ᾶā'rit ~; **~nhaus** ~ دار ال dār el~; **~nsaison** ~ موسم ال mōßam el~
Operette رواية غنائية riωā'je γinaˀi'j-je
Platz محل maħa'll; **belegter, (freier, numerierter, reservierter, vorbestellter) ~** ~ مشغول (فاضى، منمر، محجوز، مطلوب) maħgūs', (fā'ᾶi, mina'm-mar, maħgū's, matlū'b)
Sitz~ ~ جلوس ~ ~ gulū'ß; **Steh~** ~ وقوف ~ ~ ωuˀū'f
einen Platz vormerken ~ يعين jiˁa'j-jin ~
Welchen Platz nehmen wir? ~ ناخد انهو ~؟ nā'chud a'nhu ~?

Balkon بلكون balkō'n
Galerie اعلى التياترو a'ˁla et-tija'tru
Loge لوج lōsch; **eine ~ mieten** ~ يأجر jiˀa'g-gar ~; **im ersten (zweiten) Rang** فى الصف الاول (الثانى) fiß-ßa'ff el-a'ω-ωal, (et-tā'ni);
Bühnen~ ~ المسرح ~ ~ el-ma'ßraħ
Orchestersitz فوتيل دوركستر fote'jj dorke'str
Parkett باركيه parkē'
Reihe صف ßaff
Sperrsitz محل قدمانى maħa'll ˀud-damā'ni
Publikum المتفرجين او الناس el-mutafar-rigī'n *od.* en-nā'ß
Revue استعراض ißtiˁrā'ᾶ
Saison موسم mo'ßam; **Sommer~** ~ الصيف ~ ~ eß-ßē'f; **Winter~** ~ الشتا ~ ~ esch-schi'ta
Theater تياترو tija'tru; **~direktor** ~ مدير ال muᾶī'r et ~; **~zettel** ~ تذكرة taska'rit et~; **Freilicht~** ~ فى الهوا الطلق ~ ~ fil-ha'ωa et-talˀ
Akt فصل faßl
aufführen يمثل jima'ß-ßil

Aufführung تمثيل tamßī'l
auftreten يظهر عالمسرح ji'shar ʕal-ma'ßraħ
Auftritt فصل faßl
auspfeifen يصفر jißa'f-far
Ausstattung حلية ħi'lje
Ballett باليه balē'; **~tänzer** رقاص ~ ra'ʔʔā'ß ~; **~tänzerin** رقاصة ~ raʔʔā'ßit ~
Beifall تصقيف taßʔī'f; **stürmischer ~** حاد ~ ~ħād; **~ klatschen** يصقف jißa'ʔʔaff
Bühne مسرح ma'ßraħ; **Dreh~** داير ~ ~ dā'jir
da capo! بيس bīß; **~ rufen** يطلب الاعادة ji'tlub el-iʕā'de
Darsteller ممثل مسرحى muma'ß-ßil maßra'ħi
Drama دراما او رواية drā'ma *od.* riωā'ja
Durchfall خيبة chē'be
Erfolg نجاح nagā'ħ
hervorrufen يطلب الاعادة ji'tlub el-iʕā'de
Hintergrund كواليس kaωalī'ß
klatschen يصقف jißa'ʔʔaf
Komiker مضحك mu'đħik
Komödie, Lustspiel رواية مضحكة riωā'je mudħi'ke

Kostüme بدلة ba'dla
Kulissen كواليس kaωalī'ß
Künstler(in) فنان (فنانة) fan-nā'n (fan-nā'na)
Pause استراحة ißtirā'ħa
Posse, Schwank نكتة nu'kte
Probe بروفة brō'wa
Programm بروجرام brogrā'm
Regisseur مدير مسرح mudī'r ma'ßraħ
Rolle دور dōr; **seine ~ gut (schlecht) spielen** يمثل دوره كويس (وحش) jima'ß-ßil dōru kuωa'j-jiß (ωi'ħisch)
Schauspieler ممثل muma'ß-ßil; **Schauspielerin** ممثلة mumaß-ßi'le
Schauspielhaus تياترو tija'tru
Souffleur ملقن mula'ʔʔin; **~kasten** كبوشة kambū'schet ~

Spiel تمثيل tamßī'l; **~leiter** مدير المسرح mudī'r el-ma'ßraħ; **Schau~** منظر ma'nsar; **Sing~** ~ غنائى ~ γinā'ʔʕi

Statist كبارس kumbā'riß

Stück رواية riωā'je; **das ~ hat gefallen (ist durchgefallen)** ال ~ نجحت (سقطت) er~na'gaħit (ßa'ʔatit)

Textbuch كتاب الرواية kitā'b er-riωā'je

Tragödie مأساة maʔßā'

Vorhang ستارة ßitā'ra; **der ~ geht auf (fällt)** ~ ارتفعت (نزلت) ~ itra'faʕit (ni'silit)

Varieté فاريتيه warjetē

Akrobat رقاص جمبازى اوبهلوان raʔʔā'ß gumbā'si *od.* bahlaωā'n

Artist(in) ممثل (ممثلة) muma'ß-ßil (mumaß-ßi'le)

Bauchredner المتكلم من بطنه el-mitka'l-lim min ba'tnu

Kunststück قطعة تمثيلية ʔi't ʕa tamßili'j-je

Zauberkünstler حاوى ħā'ωi

Zauberkunststück خدعة الحاوى chi'dʕit el-ħā'ωi

Vorstellung تمثيل tamßī'l; **Beginn (Ende) der ~** ~ بداية (نهاية) ال bidā'jit (nihā'jit) et ~; **heute ist keine ~** النهارده مافيش en-nahā'rde ma-fī'sch ~; **Nachmittags~** ماتينيه matinē'

Zirkus سرك ßirk

Clown مضحك mu'đħik

Kunstreiter خيال chaj-jā'l

Menagerie, Tierschau عرض حيوانات ʕarđ ħaj-ωanā't

Tierbändiger, Dompteur مروض حيوانات mura'ω-ωiđ ħajωanā't

zuschauen يتفرج jitfa'r-rag

Zuschauer متفرج mutafa'r-rig; **~raum** صالة المتفرجين ßā'lit el-mutafar-rigī'n

zusehen يتفرج jitfa'r-rag

Körper

جسم الانسان gißm el-inßā'n

(Siehe auch Gruppe Arzt und Krankheiten)

Achselhöhle باط bāṫ
Ader عرق ˁirˀ; **Schlag~** شريان schirjā'n
Arm ذراع dirā'ˁ; **Ober~** عضد ˁa'd̃ud; **Unter~** ساعد ßā'ˁid
Auge عين ˁēn; **~nbraue** حاجب ħā'gib; **~nlid** جف gifn; **~nwimper** رمش rimsch
Backe خد chadd
Bart دقن daˀn
Bauch بطن baṫn
Bein عضم ˁad̃m; **Hüft~** ~ الخصر ~ el-chaßr; **Joch~** ~ الخد ~ el-chadd
Blut دم damm; **~gefäß** وعاء دموى ωiˁāˀ da'maωi
Brust صدر ßidr; **Busen** بز او حضن biss *od.* ħud̃n
Darm مصران mußrā'n
Daumen ابهام abhā'm
Ellbogen كوع kūˁ
Ferse كعب kaˁb
Finger صباع ßubā'ˁ; **kleiner ~** ~ خنصر ~ cha'nßar; **Mittel~** وسطانى ωaßṫā'ni; **Ring~** ~ بنصر ~ ba'nßar; **Zeige~** ~ شاهد ~ schā'hid
Fleisch لحم laħm
Fuß قدم ˁa'dam; **~knöchel** كعب kaˁb; **~sohle** بطن الرجل baṫn er-rigl; **Platt~** ~ مسطح ~ mißa't-taħ
Galle مرارة mara'ra
Gaumen حلق ħalˀ
Gehirn مخ muchch
Gelenk مفصل ma'fßal; **Hand~** ~ اليد ~ el-īd
Genick قفا ˀa'fa
Gesicht وجه ωischsch
Glied عضو ˁi'd̃u
Haar شعر schaˁr; **Kopf~** ~ الراس ~ er-rāß
Hals رقبة ra'ˀabe

Hand يد īd; **rechte** ~ يمين ~ ~jemī'n; **linke** ~ ~ شمال ~ schimā'l
Haut جلد gild
Herz قلب ʔalb
Hüfte خصر chaßr
Kehle زور sōr
Kiefer فك fakk; **Unter~** تحتانى ~ ~ taħtā'ni; **Ober~** فوقانى ~ ~ foʔā'ni
Kinn دقن daʔn
Knie ركبة ru'kba; **~scheibe** ~ حق ال huʔ er~
Knöchel عقلة ʕu'ʔle
Knochen عضم ʕa'đm
Kopf راس rāß
Körper جسم gißm

Leber كبدة ki'bđe
Leib جسم gißm; **Unter~** بطن batn
Lippe شفة schi'f-fe; **Ober~** فوقانية ~ ~ foʔani'j-je; **Unter~** تحتانية ~ ~ taħtani'j-je
Lunge رئة ri'ʔa
Magen معدة mi'ʕde
Milz فشة fi'sch-sche
Mund حنك او فم ħa'nak *od.* fumm
Muskel عضلة ʕa'đala

Nabel سرة ßu'r-ra
Nacken قفا ʔa'fa
Nagel ضوفر đō'far
Nase مناخير manachī'r; **~nloch** منخار minchā'r; **~nspitze** ~ طرطوفة ال tartū'fit el~
Nerv عصب ʕa'ßab
Nieren كلوة ki'lωa
Ohr اذن ωidn; **~läppchen** ~ صرصور ال ßarßū'r el~
Pore مسام الجلد maßa'mm el-gild
Rippe ضلع đalʕ
Rücken ظهر đahr
Rückgrat سلسلة الظهر ßilßi'lit eđ-đahr
Rumpf جزع gisʕ
Schädel جمجمة gumgu'ma

Schenkel فخذ fa ehd
Schläfe صدغ ßadγ
Schlund زور sōr
Schulter كتف kitf; **~blatt** ~ مشط ال mischt el~
Sehne وتر ωa'tar
Stirn قورة ʔū'ra
Urin بول bōl

Wade سمانة الرجل ßim-mā'nit er-ri'gl
Wange خد ehadd
Zahn سنة ßi'n-na
Zehe صوبع رجل ßubā'ʕ rigl

Maße und Gewichte

المكاييل والموازين el-makajī'l ωil-maωasī'n
(Siehe auch Gruppe Zahlwörter)

breit عريض ʕarī'đ
dick تخين tiehī'n
dünn رفيع rifa'j-jaʕ
Dutzend دستة da'ßte
Faß برميل barmī'l; **kleines ~** ~ صغير ~ ßiγa'j-jar
Flasche قزازة ʔisā'sa
Gewicht وزن ωasn
Gros اروسة arū'ßa
groß كبير kebī'r; **hoch** عالى ʕā'li
klein صغير ßiγa'j-jar; **kurz** قصير ʔußa'j-jar
lang طويل tawī'l
leicht خفيف ehafī'f
Maß مقاس maʔā'ß; **Flächen~** ~ سطحى ~ ßa'thi; **Hohl~** ~ تجويفى ~ tagωī'fi; **Kubik~** ~ مكعب ~muka'ʕʕab; **Längen~** ~ طولى ~ tū'li
Meile ميل mīl; **See~** ~ بحرى ~ ba'ħari
messen يقيس jiʔī'ß
Sack كيس او زكيبة kīß *od.* sikī'be
schmal كنز ki'nis
schwer ثقيل tiʔī'l

tief غويط γaωī'ŧ
Waage ميزان misā'n; **Brief~** ~ ~ جوابات gaωabā't
wiegen يوزن jū'sin

Möbel und Hausgerät

الموبليا وادوات البيت el-mobi'lje ωiˀadaωā't el-bēt
(Siehe auch Gruppe Haus)

Anrichte درسوار dreßωā'r
Bank كرسى ku'rßi; **Fuß~** ~ ~ رجلين riglē'n
Besen مكنسة mukni'ße; **~stiel** ~ يد īd ~
Besteck سرفيس ßerwī'ß
Bett فرش farsch; **ein ~ aufschlagen** ~ يقلب ال jiˀa'l-lib el~; **das ~ machen** ~ يفرش ال ji'frisch el~; **zu ~ gehen** ~ يدخل ال ji'dehul el~; **~decke** ~ غطا γa'ŧa ~; **~stelle** سرير ßerī'r; **~vorleger** ~ سجادة ßig-gā'dit el~; **~wäsche** ~ ملايات ال milajā't el~; **Feder~** لحاف ريش liħā'f rīsch; **Ruhe~** شزلونج scheslong
Bezug, Überzug كيس kīß; **Kissen~** ~ مخدة ~ mieha'd-da
Decke غطا γa'ŧa; **wollene** ~ ~ صوف ~ßūf; **Stepp~** لحاف liħā'f; **Kissen** مخدة mieha'd-da; **Kopf~** ~ ~ راس dit rāß; **Laken** ملاية فرش milā'jit farsch; **Matratze** مرتبة marta'ba
Bild, Gemälde صورة ßū'ra
Büfett بوفيه bufē
Chaiselongue شزلونج scheslong
Couch كنبة ka'naba
Gardine ستارة ßitā'ra
Gerät ادوات adaωā't; **Haus~** ~ البيت ~bēt; **Silber~** فضية fađ-đi'j-je
Geschirr (Küchen~) ادوات مطبخ adaωā't ma'đbach
Haken علاقة ʕil-lạ'ˀa; **Kleider~** ~ هدوم ~ it hudū'm

Kasten صندوق ßandū'ʔ; **Kohlen~** فحم ~ ~ faħm
Keramiken ادوات فخار adaωā't fuɕh-ɕhā'r
Kissen مخدة miɕha'd-da; **Luft~** هوا ~ ~dit ha'ωa
Klopfer (Kleider~) منفضة هدوم manfa'đit hu-dū'm
Kohlenbecken صينية فحم ßini'j-jit faħm
Kommode بوريه borē'
Konsole قنصول kanßō'l
Korb سبت ßa'bat; **Papier~** ورق ~ ~ωa'raʔ
Krug ابريق abrī'ʔ
Kübel جردل ga'rdal
Lampe, Leuchter, Licht لمبة، شمعدان، نور la'mba, schamʕidā'n, nūr
Läufer: Treppen~ بساط سلم bußā't ßi'l-lim
Matte حصيرة ħaßī'ra; **Tür~** بليطة balī'ta
Möbel موبليا mobi'lje **massive, (antike, moderne)** ~ حتة واحدة (انتيكة، مودة) ~ ħi't-ta ωa'ħde, (antī'ke, mō'da); **Polster~** فرش منجد mine'g-gid fa'rsch; **Stahl~** صلب ~ ~ ßu'lb
Mückennetz ناموسية namußi'j-je
Nippsachen انتيكات صغيرة anti kā't ßuγaj-ja'ra
Pfanne حلة ħa'l-la
Regal رف raff
Schaufel مجرفة magra'fa
Schemel كرسى رجلين ku'rßi riglē'n
Schrank دولاب dulā'b; **Bücher~** كتب ~ ~ ku'tub; **Geld~** خزنة حديد ɕha'sne ħadī'd; **Glas~** بقزاز ~ ~ bi'isā's; **Küchen~** مطبخ ~ ~ma'đbaɕh; **Speise~** نملية ɳamli'j-ja; **Kühl~** تلاجة tal-lā'-ga; **Wand~** حيطة ~ ~ħē'ta; **Wäsche~** بياضات ~ ~ baj-jađā't
Schublade درج durg
Schüreisen ماشة mā'sche
Sessel كرسى ku'rßi
Sofa كنبة ka'naba
Spiegel مراية mirā'ja
Ständer: Handtuch~ شماعة فوط scham-mā'ʕit

fu'ωat; **Schirm~** شماس ~ ~ schamā'ßi; **Kleider~** هدوم ~ ~ hudū'm

Staubsauger مكنسة كهربائية mukni'ßa kahraba'i'j-ja

Stuhl كرسى ku'rßi; **Arm~, Lehn~** فوتيل ~ ~ futē'l; **Klapp~** يطبق ~ ~ jit-ta'ba'; **Liege~** مد اد ~ ~ mad-dā'd; **Polster~** متنجد ~ ~ mitna'g-gid; **Rohr~** صفصاف ~ ~ ßufßā'f; **Schaukel~** هزاز ~ ~ has-sā's; **Sitz** مقعد ma''ʕad

Teppich سجادة ßig-gā'de; **Wand~** حيطة ~ ~dit ħēta

Tisch طرابيزة tarabē'sa; **~bein** رجل ~ rigl et~; **~kasten, ~lade** درج ~ durg et~; **~tuch** مفرش ma'frasch; **Nacht~** كومودينو komodī'nu; **Näh~** خياطة ~ ~ it ehijā'ta; **Schreib~** مكتب ma'ktab; **Wasch~** غسيل ~ ~ it γaßī'l

Topf حلة ħa'l-la; **Koch~** طبيخ ~ ~it tabī'eh

Truhe صندوق ßandū''

Vitrine فترينة witrī'ne

Vorhang ستارة ßitā'ra

Wäsche بياضات baj-jađā't; **Bett~** سرير ~ ~ sirī'r; **Tisch~** سفرة ~ ~ su'fra

Post, Telegraph, Telefon

بوسطة، تلغراف، تليفون bo'ßta, tal-liγrā'f, telefō'n

(Siehe auch Gruppe Geschäfte, Zahlwörter)

abholen يدور على jida'ω-ωar ʕala

Absender مرسل mu'rßil

Adressat مرسل اليه mu'rßal ilē'

Adresse عنوان ʕunωā'n

annehmen ياخذ jā'ehud

aufgeben يرمى الجواب ji'rmi el-gaωā'b

Ausland بلاد برة bilā'd ba'r-ra; **ins ~** ~ فى fi ~

austragen يسلم jißa'l-lim; **heute werden keine Briefe ausgetragen** النهارده لا تسلم جوابات en-neha'rda la tußa'l-lam gaωabā't

befördern يبعث ji'bˁat

Bestimmungsort محل الارسال maħa'll el-irßā'l

Bote ساعى ßā'ˁi; **Eil~** مستعجل ~ ~ mißta'ˁgil

Brief جواب gaωā'b; **ich muß einen ~ schreiben** لازم اكتب ~ lā'sim a'ktib ~; **ich stehe im ~wechsel mit ihm** انا اراسله a'na ara'ßlu; **sind ~e für mich da?** فيه جوابات لى؟ fīh ~at li'j-ja? **ja, es ist ein ~ da** ايوه فيه ~ a'jωa fīh ~; **nichts** مافيش mafī'sch; **eiliger ~** مستعجل ~ ~ miß-ta'ˁgil; **eingeschriebener ~** مسوجر ~ ~mißō'-gar; **~bogen** فرخ ورق farch ωa'raʔ; **~kasten** صندوق جوابات ßandū'ʔ gaωabā't; **in den ~kasten werfen** يرمى فى صندوق الجوبات ji'rmi fi ßandū'ʔ el-gaωabā't; **~marke** ورقة بوسطة ωa'-raʔit bo'ßta; **~träger** ساعى ~ ßā'ˁi~; **ist der ~träger schon dagewesen?** الساعى فات؟ eß-ßā'ˁi fāt?; **~umschlag** ظرف sarf; **~waage** ميزان جوابات misā'n gaωabā't; **Eil~** مستعجل ~ ~ mißta'ˁgil; **Einschreibe~** مسوجر ~ ~ mißo'-gar; **Geschäfts~** تجارى ~ ~ tugā'ri; **Karten~** تذكرة بوسطة مقفولة taska'rit bo'ßta maʔfū'la; **Wert~** فلوس ~ ~ fulū'ß

Depesche, Drahtnachricht تلغراف tal-liγrā'f

Drucksache مطبوعات matbuˁā't

einkassieren, einlösen يقبض، يخلص ji'ʔbad, jicha'l-laß

Einlieferungs-, Empfangsschein وصل ωaßl

einschreiben يسوجر jißō'gar

Empfänger مستلم mußta'lim

Fernsprechbuch, (~zelle, Fernsprecher) دفتر تليفون (كشك، عدة تلفون) da'ftar telefō'n (kuschk~, ˁi'd-dit~)

Formular استمارة ißtimā'ra; **ein ~ ausfüllen** يملا ~ ji'mla ~

frankieren, freimachen يخلص jieħa'l-laß; ... **ist nicht (ist ungenügend) frankiert** مش مخلص (مش مخلص كفاية) ... misch mieħa'l-laß (misch [[mieħa'l-laß kifa'je)

Funkspruch تلغراف لا سلكى tal-liγrā'f laßi'lki

Gebühr اجرة u'gra; **Einschreib~** ~ مسوجر ~ mißō'gar; **Zustellungs~** ~ تسليم ~ taßlī'm

Geschäftspapiere اوراق تجارية aurā'ˀ tugari'j-je

Gewicht وزن ωasn; **das ~ darf ..., nicht überschreiten** لازم مايزدش ال ~ عن ... lā'sim ma jisi'dsch el~ ʕan ...; **der Brief ist zu schwer** الجواب اثقل من اللازم el-gaωā'b a'tˀal millā'sim; **Höchst~** ~ اعلى a'ʕla ~; **Über~** ~ زيادة sijā'dit ~

Inhalt محتويات muħtaωajā't; **den ~ angeben** يبين ال ~ jiba'j-jin el~; **~sangabe** بيان ال ~ bajā'n el~

Inland داخل البلاد dā'ehil el-bilā'd

Karte (Post~) تذكرة بوسطة taska'rit bo'ßta; **~ mit Rückantwort** ~ ~ خالص الرد ehā'liß er-ra'd; **Ansichts~** كرت بوستال ka'rt poßtāl; **Rohrpost~** ~ ~ بريد بالانبوبة الهوائية barī'd bil-anbū'ba el-haωai'j-je

Rückseite ظهر đahr

Vorderseite وش ωischsch

Kreuzband ملف mala'ff; **unter ~** ~ في fi ~; **~sendung** ارسال الملفات irßā'l el~ malaf-fā't

Marke (Brief~) ورقة بوستة ωa'raˀit bo'ßta; **eine ~ zu** ~ ~ ل li

Muster ohne Wert عينة بدون قيمة ʕaj-ji'na bidū'n ˀī'ma

Nachnahme دفع عند الاستلام dafʕ ʕind el-ißtilā'm;

nachsenden: bitte ~! من فضلك ابعت min fa'đlak i'bʕat!

Päckchen طرد صغير tard ßiγa'j-jar

Paket طرد tard; **~ausgabe** تسليم الطرود taßlī'm et-turū'd

Porto اجرة بوسطة u'grit bo'ßta; **doppeltes ~** ~ مضاعفة ~ muđa'ˤfa; **~frei** ~ خالص ال chā'liß el~; **~pflichtig** ~ مستحق عليه mußtaħa'ˀ ˤalē' ~;
Wieviel beträgt das ~ nach ...? كام يستحق على ...؟ kām jißtiħa'ˀ ˤale? ...

Post بوسطة bo'ßta; **~amt** ~ مكتب ma'ktab ~; **~anweisung** ~ حوالة ħiωā'lit ~; **~bezirk** ~ داير ال da'jrit el~; **~bote** ~ ساعى ßā'ˤi ~; **~lagernd** يبقى بشباك ال ji'bˀa bischib-bā'k el~; **~scheck** ~ حوالة ħiωā'lit ~; **~scheckamt** مكتب الحوالات ma'ktab el-ħiωalā't; **~scheckkonto** حساب الحوالات ħißā'b el-ħiωalā't; **~schließfach** ~ صندوق ال ßandū' el~; **~sparkasse** صندوق توفير ßandū' taufī'r; **~stempel** ~ ختم chitm ~; **~wertzeichen** ~ ورقة ωa'raˀit ~; **Haupt~** ~ كبيرة ~ kebī're; **Luft~** البريد الجوى el-barī'd el-ga'ω-ωi; **Neben~(~amt)** ~ فرعى ~ مكتب ma'ktab ~ fa'rˤi

Auf die Post geben, zur Post tragen يودى البوسطة jiωa'd-di el-bo'ßta

Mit der Post schicken يبعث بالبوسطة ji'bˤat bil-bo'ßta

Postwendend برجوع البريد birigū'ˤ el-barī'd

Ist Post für mich da? لى بوسطة؟ li'j-ja bo'ßta?

Wann ist das Postamt offen? امتى يفتح مكتب البوسطة؟ imta ji'ftaħ ma'ktab el-bo'ßta?

Wo ist der Briefkasten für Luftpost? فين صندوق البريد الجوى؟ fēn ßandū'ˀ el-barī'd el-ga'ω-ωi?

Wo ist der Schalter für postlagernde Briefe? فين شباك الجوابات المحفوظة؟ fēn schib-bā'k el-gaωabā't el-maħfū'sa?

Am Schalter aufgeben يسلم للشباك jißa'l-lim lisch-schib-bā'k

Haben Sie einen Paß oder einen Ausweis bei sich? عندك جواز سفر او تحقيق شخصية؟ ˤa'ndak gaωā's ßa'far au taħˀī'ˀ schachßi'j-je?

Zum Abholen der Postsachen braucht man einen Personalausweis: Postkennkarte, Paß

لاستلام حاجات من البوسطة لازم يكون معك تذكرة تحقيق شخصية اوتذكرة بريد شخصية او بسابورت lißtilā'm ħagā't mil-bo'ßta lā'sim jikū'n maʕ-a'k- taska'rit taħʔī'ʔ schachßi'j-je au taska'rit taħʔī'ʔ barī'd schachßi'j-je au baßa-bo'rt

Was habe ich für ... zu zahlen? ادفع كام عشان ...؟ a'dfaʕ kām ʕaschā'n ...?

Ich möchte ... nach Deutschland schicken عاوز ابعث ... لالمانيا ʕā'ωis a'bʕat ... li-al-mā'nja

Was kostet eine Karte (ein Brief) ins Ausland? كام اجرة التذكرة (الجواب) للخارج kām u'grit et-taska'ra (el-gaωā'b) lil-chā'rig?

Kann ich dies hier als Drucksache schicken? اقدر ابعث الحاجة دى مطبوعات؟ a'ʔdar a'bʕat el-ħā'ga di matbuʕā't?

schicken, senden يبعث ji'bʕat

Stempelmarke ورقة دمغة ωa'raʔit da'mγa

Stempelpapier ورق دمغة ωa'raʔ da'mγa

Telegramm تلغراف tal-liγrā'f; **dringendes ~** ~ مستعجل ~ mißta'ʕgil; **~ mit Rückantwort** ~ ~ خالص اجرة الرد chā'liß u'grit er-radd; **ein ~ aufgeben** ~ يبعث ji'bʕat ~; **~anschrift** ~ عنوان ʕunωā'n ~; **~formular** ~ استمارة ißtimā'rit ~; **~kode** كتاب الرموز التلغرافية kitā'b er-rimū's et-tal-liγrafi'j-je

Gebühr, Taxe ~ اجرة u'gra ~; **Grund~** اساسية ~ ~ aßaßi'j-je; **Wort~** كلمة ~ ~ ki'lme; **Zuschlags~** اضافية ~ ~ iđafi'j-ja

Wo ist der Telegrammschalter? فين شباك التلغرافات؟ fēn schib-bā'k et-tal-ıγrāfā't?

Ich möchte ein Telegramm aufgeben عاوز ابعث تلغراف ʕā'ωis a'bʕat ta-liγrā'f

Geben Sie mir bitte ein Formular من فضلك اديني استمارة min fa'dlak id-dī'ni ißtimā'ra

Was wird für das Wort berechnet? تحسب الكلمة بكام؟ ti'ħßib el-ki'lma bikā'm?

Fünf Buchstaben gelten als ein Wort كل خمس حروف بكلمة kull cha'maß ħurū'f biki'lma
Kann ich die Antwort vorausbezahlen? اقدر ادفع اجرة الرد مقدم؟ a'ʔdar a'dfaʕ u'grit er-radd muʔa'd-dam ?
Ja, aber Sie müssen die Buchstaben R. P. hinzufügen ايوه بس لازم تكتب الحرفين ر، ب a'jωa baßß lā'sim ti'ktib el-ħarfē'n r. p.

Telegraph|enamt مكتب تلغراف ma'ktab tal-liγrā'f; **~enbote** ~ ساعى ßā'ʕi ~
Telegraphie مراسلة تلغرافية mura'ßle tal-liγrafi'j-je
telegraphieren يراسل بالتلغراف jirā'ßil bit-tal-liγrā'f
telegraphisch بالتلغراف bital-liγrā'f; **~ antworten** يجاوب بالتلغراف jigā'ωib bit-tal-liγrā'f

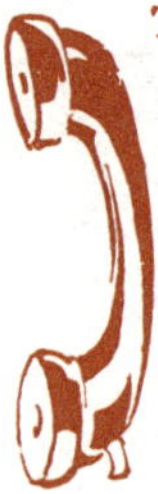

Telephon تليفون telefō'n; **~amt** ~ مكتب ma'ktab ~; **~anschluß, ~verbindung** ~ مواصلة muωā'ßle ~; **~buch** ~ دفتر da'ftar ~; **~gespräch** ~ محادثة mu-ħa'dße ~; **~zelle** ~ كشك ku'schk ~; **öffentliche ~zelle** كشك ~ عمومى ku'schk ~ ʕumū'mi
Ferngespräch محادثة تليفونية muħa'dßa tele-fōni'j-ja
Nummerscheibe قرص النمر ʔurß en-ni'mar
Ortsverkehr تليفون محلى telefō'n maħa'l-li
Voranmeldung اخطار مقدم ichtā'r muʔa'd-dam
telephonieren يتكلم بالتليفون jitka'l-lim bit-telefō'n
telephonisch بالتليفون bit-telefō'n

Gebrauchsanweisung der öffentlichen Fernsprechzellen in Ägypten

طريقة استعمال التليفونات العمومية فى مصر ŧarīʔit ißtiʕ-mā'l et-telefonā't el-ʕumumi'j-ja fi maßr

1. Eine Münze zu 1 Piaster in den Schlitz stecken حط قطعة بقرش صاغ فى الخرم ħutŧ ʔi'ŧʕa bi-ʔi'rsch ßāγ fil-chu'rm

2. **Den Hörer abnehmen und die gewünschte Nummer wählen** خد السماعة ودور النمرة المطلوبة ehudd eß-ßam-mā'ʕa ωida'ω-ωar en-ni'mra el-matlū'ba

3. **Sobald der Teilnehmer antwortet, auf den Knopf drücken** بمجرد ما يرد عليك المتكلم اضغط عالزر bimuga'r-rad ma jiru'dd ʕalēk el-mutaka'l-lim i'đγat ʕas-si'rr

4. **Wenn die gewünschte Nummer besetzt ist, den Hörer wieder auflegen und den Knopf drücken. Die Münze fällt von selbst heraus** ان كانت النمرة مشغولة حط السماعة فى محلها و اضغط عالزر تسقط العملة من نفسها in kā'nit en-ni'mra maschγū'la, ħutt eß-ßam-mā'ʕa fi maħal-le'ha ωi'đγat ʕas- si'rr ti'ßʔat el-ʕu'mle min nafße'ha

Den Hörer abnehmen (auflegen) يرفع (يحط) السماعة ji'rfaʕ (jiħu'tt) eß-ßam-mā'ʕa

Kann ich mal telephonieren اقدر اتكلم فى التليفون دى الوقت؟ a'ʔdar atka'l-lim fit-telefō'n di'l-ωaʔt?

Würden Sie vielleicht ... ans Telephon rufen? تسمح تندهلى ... فى التليفون؟ ti'smaħ tinda'hli ... fit-telefō'n?

Der Teilnehmer antwortet nicht النمرة ما بتردش en-ni'mra ma bitru'd-disch

Die Leitung ist besetzt الخط مشغول el-chatt maschγū'l

Hallo, wer dort? هالو، مين بيتكلم؟ halō mīn bi-jitka'l-lim?

Rufen Sie noch einmal اضرب مرة ثانية i'đrab ma'r-ra ta'nje

Fräulein, ich möchte eine Verbindung mit Kairo يامدمازيل عاوز اتكلم مع مصر jāmadmase'l ʕa'ωis atka'l-lim ma'ʕa maßr

Unterschrift امضا i'mḍa
Wert قيمة ʔī'ma; **~angabe** بيان ال ~ bajā̄'n el~
wiegen يوزن jū'sin; **wieviel wiegt ...?** ... كام وزن kām ɷasn ...
Zolldeklaration تبليغ الجمرك tablī'ɣ el-gu'mruk
zustell|en يسلم jiẞa'l-lim; **~ungsgebühr** اجرة التسليم u'grit et-taẞlī'm; **~ung** تسليم taẞlī'm

Reise

السفر eẞ-ẞa'far

(Siehe auch Gruppen Bade- und Kurort, Bank, Café, Restaurant, Eisenbahn, Essen und Trinken, Geschäfte, Getränke, Hotel, Kleidung, Post, Stadt und Land, Verkehrsmittel, Zeit, Zahlwörter)

abfahren nach يسافر على jiẞā'fir ʕala
Abfahrt سفر ẞa'far
Andenken تذكار tiskā'r
ankommen يوصل jū'ẞal
Ankunft وصول ɷuẞū'l
Ansichtskarte كارت بوستال kart poẞta'l
Aufenthalt اقامة ikā'ma
Ausflug رحلة ri'ħla; **einen ~ nach ... machen** ... يعمل رحلة لحد ji'ʕmil ri'ħla liħadd ...
Ausflügler مسافر miẞā'fir
Aussicht منظر ma'nsar
besichtigen يشوف jischū'f
Devisenkontrolle مراقبة النقد mura'ʔbit en-naʔd
Eisenbahn سكة حديد ẞi'k-ka ħadī'd
fahren (mit dem Auto, dem Taxi, dem Omnibus, der Straßenbahn, der Eisenbahn, dem Schiff) يسافر بالاوتومو بيل، بتاكسى، بالامنيبوس، بالترامواى، بالسكة الحديد،بالمركب jiẞā'fir bil-otomobī'l, bita'kẞi, bil-omnibū'ẞ, bit-teramɷā'j, biẞ-ẞi'k-ka el-ħadī'd, bilma'rkib; **langsam (schnell)** ~ على مهلك (بسرعة) ~ ~ʕale ma'hlak (biẞu'rʕa); **~ Sie nach?** انت مسافر على...؟ inta miẞā'fir ʕala ...? **~ Sie mich zum Bahn-**

hof! ودينى المحطة wad-dī'ni el-maħa't-ta; **~ Sie weiter!** امشى على طول i'mschi ʕala tūl; **~ Sie gerade aus (rechts, links)** امشى دغرى (عاليمين، عالشمال) i'mschi du'γri (ʕal jemī'n, ʕasch-schima'l)

Fahrt السفر eß-ßa'far; **die ~ unterbrechen** يقطع ~ ji'ʕtaʕ ~; **Bahn~** بالسكة الحديد ~ ~ biß-ßi'k-ka el-ħadī'd; **Kahn~** بالفلوكة ~ ~ bilfilū-ka; **Rund~** لفة فى البلد la'f-fa fil-ba'lad

Ferien مساحة mißa'mħa

Fremdenverkehr سواح اجانب ßuw-wā'ħ agā'nib; **~büro** مكتب سياحة ma'ktab ßijā'ħa

Führer دليل dalī'l

Fußgänger ماشى على رجليه mā'schi ʕala riglē'

Fußwanderung رحلة عالرجلين ri'ħla ʕar-riglē'n

Gepäck شنط schu'nat

Karte تذكرة taska'ra

Koffer شنطة scha'nta

Kursbuch دليل سكة حديد dalī'l ßik-kaħadī'd

Paß (Reise~) بسابورت baßabo'rt; **den ~ verlangen** ~ يطلب ji'tlub ~; **braucht man einen ~?** لازم ~؟ lā'sim ~?; **~bild** ~ صورة ßū'rit ~; **~kontrolle** ~ مراقبة mura'ʔbit ~; **~zwang** ~ ~ اجبارى igbā'ri

Reise سفر ßa'far; **Beginn (Dauer, Ende) der ~** ~ بداية (مدة، نهاية) ال bidā'jit, (mu'd-dit, nihā'-jit~; **eine ~ machen** يسافر jißā'fir **eine ~ ins Ausland** ~ ~ فى الخارج fil-chā'rig; **~ an die See** ~ ~ الى البحر il-el-ba'ħr; **~ ins Gebirge** ~ الى الجبال ~ ilalgibā'l; **~ aufs Land** ~ الى الريف il-er-rī'f **mit der Bahn~** ~ ~ بالسكة الحديد biß-ßi'k-ka el-ħadī'd; **~mit dem Dampfer** ~ ~ بالباخرة bilba'chra; **~ zu Fuß** بالرجل bir-ri'gl; **wo geht die ~ hin, wohin reisen Sie?** مسافر على فين؟ mißā'fir ʕa'le fēn?; **ich bin auf der Durch~** انا مارر a'na mā'rir; **~begleiter** ~ زميل samī'l ~; **~büro** مكتب سياحة ma'ktab ßijā'ħa; **~geld**

~ مصاريف maßarī'f ~; **~gesellschaft** فريق سياحة farī'ʔ ßijā'ħa; **~leiter** ~ ريس ra'j-jiß ~; **~route** ~ سكة ßi'k-kit ~; **~scheck** شيك سفرى schēk si'-fari; **~unterbrechung** ~ قطع ʔatˁ; **~vorbereitung** استعداد للسفر ißtiˁdā'd liß-ßa'far; **~ziel** ~ وجهة ωu'ghit ~;

auf der Hin~ فى الذ هاب fis-sahā'b; **Hochzeits~** ~ عرايس ~ˁara'jiß;

auf der Rück~ فى الايـاب fil-ijā'b;

Vergnügungs~ رحلة نزهة ri'ħlit nu'sha

reisen يسافر jißā'fir; **zur See** ~ ~ بالبحر bilba'hr;

Reisender مسافر mißā'fir; **Vergnügungs~** سواح ßaω-ωā'ħ

Seereise سفر بالبحر ßa'far bil-ba'ħr

Anker هلب hilb; **vor ~ gehen** ~ يرمى ال ji'rmi el~; **die ~ lichten** ~ يرفع ال ji'rfaˁ el~

anlaufen يرسى ji'rßi

Anlegeplatz, ~stelle مرسى ma'rßa

auslaufen يرحل ji'rħal

ausschiffen يرسى عالبر ji'rßi ˁal-barr

Barkasse فلوكة filū'ka

Bett (Schiffs~) سرير ßirī'r; **Ober~** ~ فوقانى ~ foʔā'ni; **Unter~** ~ تحتانى ~ taħtā'ni

Boot مركب ma'rkib; **~smann** مراكبى mara'kbi; **Fähr~** معدية miˁad-di'j-je; **Fischer~** ~ صيد ~ ßēd; **Rettungs~** فلوكة نجاة filū'kit nagā'; **Ruder~** ~ مقداف ~ muʔdā'f; **Segel~** ~ شراع ~ schirā'ˁ

Bord ظهر المركب dahr el-ma'rkib;

an ~ gehen ~ يطلع على ji'tlaˁ ˁala~

Bug, Vorderschiff مقدم السفينة muʔa'd-dam eß-ßafī'ne;

Dampfer باخرة ba'chra; **~verbindung** مواصلة بواخر muωaˁßlit baωā'chir; **Fracht~** ~ بضايع ~ badā'jiˁ; **Passagier~** ~ ركاب ~ ruk-kā'b; **Schlepp~** جرارة gar-rā'ra; **Vergnügungs~** ~ سواح ~ ßuω-ωā'ħ

Deck دك dekk; **auf ~** عالدك ʕad-de'k
Ebbe جزر gasr
einlaufen (in einen Hafen) يدخل (المينا) ji'd-ehul (el-mī'na)
einschiffen (sich) يركب المركب ji'rkab il-ma'rkib
Fähre معدية miʕdi'j-ja
fahren (an der Küste entlang) يمشى بحزا الساحل ji'mschi biħi'sa eß-ßā'ħil
Fahrpreis اجرة السفر u'grit eß-ßa'far
Fahrwasser مياه الملاحة mijā'h el-milā'ħa
Fahrzeug سفينة ßafī'na
Festland ارض ard
Feuerschiff مركب منارة ma'rkib manā'ra
Flagge راية rā'ja; **die ~ hissen** يرفع ال ji'rfaʕ er~
Flut مد البحر madd el-baħr
Hafen مينا mī'na
Heck, Hinterschiff مؤخر السفينة muʔa'eh-ehar eß-ßafī'na
Kabine قمرة ʔa'mara; **1., 2., 3. Klasse** درجة اولى ثانية ثالثة da'raga ū'la, ta'nja, ta'lta; **~ mit zwei Betten** ~ ~ بسريرين bißirirē'n; **Außen~ (Innen~)** ~ برانية (جوانية) ~ bar-rani'j-ja (guω-ωani'j-ja); **Einzel~** ~ ~ بسرير واحد bißi-rī'r ωā'ħid; **Luxus~** ~ ~ لوكس lūkß; **Touristenklasse** كلاس تورستيك klāß turißtī'k
Kahn فلوكة filū'ka
Kajüte (1., 2. Klasse) قمرة درجة اولى، ثانية ʔa'ma-ra (da'raga ū'la, ta'nja)

Kai رصيف raßī'f
Knoten عقدة ʕu'ʔda
Kurs خط السير ehatt eß-ßēr
Küste شط schatt
Land ارض ard
landen يرسى ji'rßi; **beim Landen** اثناء الرسو aßnā'ʔ er-ra'ßu
Landung رسو ra'ßu; **~sbrücke, (~splatz)** ~ سلم/(محل) ال ßi'l-lim (maħa'll) er~

Leuchtturm فنار fanā'r
Lotse مرشد mu'rschid·
Mast(baum) صارى ßā'ri
Matrose بحار baħ-ħā'r
Passagier راكب rā'kib
Quarantäne حجر صحى ħagr ßi'ħ-ħi

Rettungsgürtel حزام نجاة ħisā'm nagā'
Salon صالون ßalō'n; **Speise~** ~ ~ اكل akl
Schiff مركب ma'rkib; **~sagentur** وكالة مراكب ωikā'lit marā'kib; **~arzt** حكيم ال ~ ħakī'm el~; **~sjunge** صبى ال ~ ßa'bi el~
Schiffahrt ملاحة بحرية milā'ħa baħari'j-je; **~sgesellschaft** ~ شركة schi'rkit ~
Schiffer ملاح mal-lā'ħ
Schornstein مدخنة madcha'na
See بحر baħr; **offene ~** ~ عرض ال ʕarđ el~; **wegte (ruhige) ~** هايج (هادى) ~ ~ hā'jig (hā'di)
seekrank: (nicht) ~ werden يدوخ (ما يدوخش) مالبحر jidū'ch (ma jidu'chsch) mil-baħr
Seekrankheit دوخة البحر dō'chit el-baħr
Seeweg خط سير المراكب chatt ßēr el-marā'kib
Segel قلع ʔalʕ
segeln تقوم المركب tiʔū'm el-ma'rkib
Signal اشارة ischā'ra; **Nebel~** ~ ~ ضباب it đabā'b; **Not~** ~ ~ الخطر it el-cha'ŧar; **SOS-Ruf** س وس ~ ~ S O S
Steuer مقداف muʔdā'f; **~mann** قداف ʔad-dā'f
Steward خادم السفن chā'dim eß-ßu'fun
Überseedampfer باخرة ما وراء البحار bā'chrit ma ωarā'ʔ el-biħā'r
Überfahrt رحلة ri'ħle; **ruhige (stürmische) ~** (متعبة) مريحة ~ ~ murī'ħa (mutʕi'ba); **~ über einen Fluß** تعدية نهر taʕdi'j-jit nahr
Ufer (Meeres~) ساحل ßā'ħil; **(Fluß~)** شط النهر schatt en-nahr
Strand شط schatt; **ans Ufer gehen** يروح ال ~ jirū'ħ asch~

untergehen يغرق ji'γra'
Werft مصنع سفن ma'ßnaʕ ßu'fun
Sehenswürdigkeiten مناظر manā'sir
Sichtvermerk فيزا wī'sa
Sommerfrische مصيف ma'ßjaf; **in die ~ gehen** [~ يروح jirū'ħ ~]
Spaziergang فسحة fu'ßħa
Tour رحلة ri'ħla; **Gebirgs~** ~ جبلية ~ gabali'j-ja
Abstieg منزل ma'nsil
Aufstieg مطلع ma'tlaʕ
abseilen ينزل بالحبال ji'nsil bil-ħibā'l
anseilen يربط بالحبال ji'rbut bil-ħibā'l
Bergführer دليل الجبال dalī'l el-gibā'l
Berghütte عشة جبال ʕi'sch-schit gibā'l
Bergspitze قمة جبال 'i'm-mit gibā'l
Bergsteiger متسلق جبال mutßa'l-li' gibā'l
Bergstock عصا جبال ʕaßa gibā'l
besteigen يتسلق jitßa'l-la'
Seil حبل ħabl

Tourist سواح ßaω-ωā'ħ
Unfall حادثة ħa'dßa
Unterkunft ملجأ ma'lga'
Versicherung تأمين ta'mī'n; **Feuer~** ~ ضد الحرايق ~ đidd el-ħarā'ji'; **Haftpflicht~** ~ تضامن ~ ta-đā'mun; **Lebens~** ~ على الحياة ~ ʕale el-ħajā'; **Unfall~** ~ ضد الحوادث ~ đidd el-ħaωā'diß; **sich versichern lassen** ~ يعمل jiʕmil ~
Visum فيزة wī'sa
wandern يرحل ji'rħal
Wanderung رحيل raħī'l
Zoll (Grenz~) جمرك gu'mruk; **~abfertigung** ~ تخليص ال taehlī'ß el~; **~amt** ~ مكتب ma'k-tab ~; **~beamter** ~ موظف muωa'ss-saf~; **~erklärung** ~ تبليغ tablī'γ~; **~frei** ~ خالص ehā'liß~; **~grenze** حدود جمارك ħudū'd gamā'rik; **~pflichtig** ~ يستحق عليه jißtiħa'' ʕalē' ~; **Ausfuhr~ (Einfuhr~)** ~ صادر (وارد) ~ ßā'dir, (ωā'rid); **Brücken~** عوايد كبارى ʕaωā'jid kabā'ri

das Gepäck untersuchen يفتش الشنط jifa'ṭ-tisch esch-schu'naṭ

Haben Sie etwas zu verzollen? عندك حاجة يستحق عليها جمرك؟⟧ ˁandak ħā'ge jißtiħā'ˀ ˁale'ha gu'mruk?

Wem gehört dieser Koffer? بتاعة مين الشنطة دى؟ bitā'ˁit mīn esch-scha'nṭa di?

Machen Sie, bitte, Ihre Koffer auf! من فضلك افتح شنطتك⟧ min fa'đlak i'ftaħ schanti'tak

Haben Sie Zigarren, Zigaretten? عندك سجار او سجاير؟⟧ ˁandak ßigā'r au ßaga'jir?

Ich habe nur ... ... عندى بس ˁandi baßß ...

Ich habe keine ... ... ما عنديش ma ˁandī'sch ...

Zum persönlichen Gebrauch للاستعمال الشخصى lil-ißtiˁmā'l esch-scha'ḥßi

Seien Sie bitte vorsichtig, es sind zerbrechliche Sachen darin من فضلك حاسب فيه حاجات تتكسر min fa'đlak ħā'ßib fīh ħagā't tit-ka'ß-ßar

Sie können den Koffer zumachen تقدر تقفل الشنطة⟧ ti'ˀdar ti'ˀfil esch-scha'nta

Für ... müssen Sie Zoll bezahlen عشان ... لازم تدفع جمرك⟧ ˁaschā'n ... lā'sim ti'dfaˁ-gu'mruk

Wieviel muß ich zahlen? لازم ادفع كام؟ lā'sim a'dfaˁ kām?

Speisen

المأكولات el-maˀkulā't

(Siehe auch Gruppen Café, Restaurant, Essen und Trinken, Geschäfte, Getränke, Hausgeräte, Hotel, Maße und Gewichte, Zahlwörter)

Zubereiten يحضر jiha'đ-đar

angebrannt محروق maħrū'ˀ

Art: auf ägyptische (deutsche) ~ zubereitet مطبوخ عالطريقة المصرية (الالمانية) maṭbū'ḥ ˁaṭ-ṭarī'ˀa el-maßri'j-je (el-almani'j-je)

Beilage: mit ~ مع الخضار ma'ˁ al-ꞓhudā'r
Brötchen عيش صغير ˁēsch ßiγa'j-jar; **belegtes ~** سندوتش ßandωi'tsch
Butter زبدة si'bda
eingemacht محفوظ maħfū'ꞩ
Essig خل ꞓhall
Fett شحم schaħm
frisch طازة ŧā'se
Füllsel حشو ħa'schu
gebacken مقلى ma'ʔli
gebraten محمر miħa'm-mar; **wenig ~** شوية ~ ~ schuωa'j-je; **gut durch ~** قوى ~ ~ ʔa'ωi
gefüllt محشى ma'ħschi
gehackt مفروم mafrū'm
gekocht مسلوق maßlū'ʔ
Gelee جيليه schilē'
geräuchert مدخن mida'ꞓh-ꞓhan
geröstet مشوى ma'schωi
gesalzen مملح mima'l-laħ
geschält مقشر miʔa'sch-schar
geschmort مدهون بالزيت والسمن madhū'n bis-sēt ωiß-ßa'mn
Gewürz بهار buhā'r
gewürzt متبل mita'b-bil
Gräte شوك السمك schōk eß-ßa'mak
hart جامد gā'mid
Knoblauch ثوم tōm
Knochen عظم ˁađm; **Mark ~** مخ ~ ~ muꞓhꞓh
kochen يطبخ ji'ŧbuꞓh
Korinthen زبيب sibī'b
Kümmel كمون kam-mū'n
Lorbeerblätter ورق غار ωa'raʔ γār
Mager(es) احمر a'ħmar
Margarine سمن صناعى ßa'mn ßinā'ˁi
Meerrettich فجل ابيض figl a'bjađ
Mostrich (Senf) مسطردة mußŧa'rda
mürbe طرى ŧa'ri
Muskatnuß جوزة الطيب gō'sit eŧ-ŧī'b

Nelken قرنفل ʔuru'nfil
Öl زيت sēt
Petersilie بقدونس baʔdū'niß
Pfeffer فلفل fi'lfil; **gestoßener ~** مطحون ~ ~ matħū'n; **pfeffern** يفلفل jifa'lfil
reif مستوى mißti'ωi
roh نى najj
Rosine زبيب sibī'b
saftig مليان ميه maljā'n ma'j-ja
Salz ملح malħ; **salzen** يملح jima'l-laħ
Schmalz شحم خنزير scha'ħm chansī'r
Senf مسطردة mußŧa'rda
Soße, Tunke دمعة di'mʕa
Speck فخد خنزير fachd chansī'r
weich, zart طرى ŧa'ri
Würze بهار buhā'r
zäh(e) مشفت mischa'γ-γat
Zimt قرفة ʔi'rfe
Zitrone لمون lamū'n
zubereiten يحضر jiħa'đ-đar
Zutaten توابل taωā'bil
Zwiebel بصل ba'ßal

Vorspeisen
الطبق الاول et-ŧa'baʔ el-a'ω-ωal

Aal حنش البحر ħa'nasch el-baħr
Anschovis انشوجة anschū'ga
Artischocken خرشوف charschū'f
Aufschnitt (kalter) اسيت انجليز aßje'tt anglē's
Austern ستردیا ßtrī'dja
Belegte Brötchen سندوتش ßandωi'tsch
Fleischsülze لحم جيليه laħm schilē'
Gurken (kleine, grüne, große, gelbe) خيار (صغير، اخضر، كبير، اصفر) chija'r (ßiγa'j-jar; a'chđar, kebī'r, a'ßfar); **Essig~** مخلل ~ ~ micha'l-lil
Gurkensalat سلطة خيار ßa'latit chijā'r

Hummer كابوريا kabū'rja
Krabben جمبرى gamba'ri
Krebse سرطان ßaraṭā'n
Kaviar كفيار kawjā'r

Sardellen, (Sardinen) انشوجة (سردين) anschū'ga (ßardī'n)
Sardinen in Öl سردين علب ßardī'n ʕi'lab
Schinken جامبون schambōn; **gekochter ~** لحم خنزير مسلوق laħm ḫansī'r maßlū'ʔ
Wurst سوسيس ßoßī'ß

Suppen الشربة esch-schu'rba

Fleischbrühe مرقة لحمة ma'raʔit la'ħma; **~ mit Ei** ~ بالبيض ~bilbē'ḍ; **~ mit Nudeleinlage** ~ ~ بالشعرية bisch-schi'ʔiri'j-je; **~ mit Reiseinlage** ~ ~ بالرز bir-ru'ss
Klößchen كباب kebā'b
Suppe شربة schu'rba; **Bohnen~** ~ فاصليا ~faßu'lja; **Erbsen~** ~ بسلة bißi'l-le; **Fisch~** ~ سمك ~ ßa'-mak; **Gemüse~** ~ خضار ~ ḫudā'r; **Hühner~** ~ فراخ ~ firā'ḫ; **Linsen~** ~ عدس ~ʕatß

Teigwaren نشويات naschawij-jā't

Fadennudeln شعرية schiʕiri'j-ja
Makkaroni مكرونة makarō'na
Spaghetti سباجتى ßpagi't-ti
Teigwaren mit Fleischfüllung فطير باللحمة fiṭī'r bil-la'ħme

Backwaren مخبوزات ma'ḫbusā't

Biskuit بسكوت baßkō't
Brezel بسكوت بالملح baßkō't bilma'lħ

Brot عيش ʕēsch; **altes (frisches)** ~ بايت (طازة) ~ bā'jit; ŧā'sa; **eine Schnitte** ~ ~ شقة scha'ʔʔit ~; **Schwarz~** اسود ~ ~ i'ßωid; **Weiß~** ابيض ~ ~ a'bjađ; **Weizen~** قمح ~ ~ ʔamh
Brötchen عيش صغير ~ ßiγa'j-jar
Hörnchen كرواسان kruaß-ßā'n
Kuchen جاتو gatō'
Mehl دقيق deʔī'ʔ
Pastete فطير fiŧī'r
Teig عجين ʕagi'n; **Blätter~** رقاق ruʔā'ʔ
Torte تورتة tō'rta

Fische اسماك aßmā'k

Barbe بربوني barbū'ni
Fisch سمك ßa'mak; **gebackene Fische** مقلي ~ ~ ma'ʔli; **~suppe** ~ شربة schu'rbit ~; **See~** بحاري ~ ~ baħ-ħā'ri; **Süßwasser~** حلو ~ ~ ħi'lu
Flunder سمك موسى ßa'mak mū'ßa
Hering رنجة ri'nga
Makrele مكرو makrō'
Meerestiere (Muscheln, Tintenfische) حيوانات بحر (قوقع، سبيد) ħajωanā't baħr (ʔō'ʔaʕ, ßob-bē'd)
Thunfisch تون tunn
Tintenfisch سبيد ßob-bē'd

Fleischspeisen لحوم luħū'm

Beefsteak بفتيك buftē'k; **Filet~** فلتو file't-tu
Braten محمر miħa'm-mar; **Enten~** ~ بط baŧŧ ~; **Gänse~** ~ وز ωiss ~; **Hammel~** ~ ضاني đā'ni ~; **Hasen~** ~ ارانب arā'nib ~; **Kalbs~** ~ عجالي ʕag-gā'li ~; **Lamm~** ~ اوزي ū'si ~; **Nieren~** ~ كلاوي kalā'-ωi ~; **Rinder~** ~ بقري ba'ʔari ~; **Rost~** لحم مشوي laħm ma'schωi; **Schmor~** نيفة nī'fa; **Schweine~** ~ خنزير ꞓhansī'r ~

Brathähnchen كتاكيت محمرة katakī't miħam-ma'ra
Bratwürste سوسيس محمرة ßoßī'ß miħa'm-mara
Filet فليتو file't-tu
Fleisch لحم laħm; **Büchsen~** ~ ~ علب ʕi'lab;
  Hack~ ~ ~ مفروم mafrū'm; **Pökel~** ~ مملح
  ~mima'l-laħ; **Rauch~** ~ ~ مدخن mida'ch-chan

Frikassee فريكاسيه frikaß-ßē'
Gulasch جولاش مجرى gulā'sch ma'gari
Hirn مخ muchch
Kalbsbröschen, ~milch شكمبة schaka'mba
Kalbshaxe كوارع عجالى kaωā'riʕ ʕag-gā'li
Kaninchen ارانب صغيرة arā'nib ßiγaj-ja'ra
Keule (Kalbs~) كوارع عجالى kaωā'riʕ ʕag-gā'li
Kopf (Kalbs~) راس عجالى rāß ʕag-gā'li
Kotelett كستليتة koßtale't-ta
Lamm (gebackenes) ضانى فى الفرن đā'ni fil-fu'rn
Leber كبدة ki'bda
Lendenstück حتة من بيت الكلاوى ħi't-ta min bēt el-kalā'ωi
Nieren كلاوى kalā'ωi; **(Kalbs~)braten** كلاوى عجالى محمرة kalā'ωi ʕag-gā'li miħam-ma'ra
Ragout يخنى ja'chni
Pastete فطير fiŧī'r
Rindfleisch (gekochtes) لحم بقرى مسلوق laħm ba'ʔari maßlū'ʔ
Roulade رولاد rulā'd
Rumpsteak رومستيك rumßtē'k
Schnitzel اسكلوب ißkalō'b; **panierte ~** ~ بانيه
  ~ panē'; **Wiener ~** ~ ~ فينواز wijinωā's
Zunge لسان lißā'n; **Ochsen~, Rinder~** ~ بقرى
  ~ ba'ʔari

Geflügel طيور ŧujū'r

Ente بط batŧ
Fasan فزان fasā'n

Gans وز ωiss
Huhn فرخة fa'reha; **junges ~** كتكوت katkū't; **Back~** فراخ محمرة firā'eh miħam-ma'ra
Hühnerbrust صدر فرخة ßi'dr fa'reha
Puter ديك رومى dīk rū'mi
Taube حمام ħamā'm

Gemüse خضارات chuđarā't

Artischocken خرشوف charschū'f
Bohnen فصوليا faßu'lja; **Sau~** فول اخضر fūl a'chđar; **Schnitt~** فصوليا فرنساوى faßū'lja faranßā'ωi
Champignon شمبنيون schapinjō'n
Erbsen بسلة bißi'l-la
Fenchel شمر scha'mar
Kartoffeln بطاطس batā'tiß; **Brat~** محمر ~ ~ mi-ħa'm-mar; **Pell~** بقشره ~ ~ bi-ʔi'schru; **Quetsch~** بوريه ~ ~ purē'; **Schäl~** مسلوق بقشره ~ ~ maßlū'ʔ bi-ʔi'schru

Kohl كرنب kuru'mb; **~rabi** لفت lift; **Blumen~** قرنبيط ʔarnabī't; **Rot~** احمر ~ ~ a'ħmar; **Sauer~** مخلل ~ ~ micha'l-lil; **Rosen~** صغير ~ ~ ßiγa'j-jar; **Weiß~** ابيض ~ ~ a'bjađ
Kresse جرجير gargī'r
Kürbisse قرع كوسة ʔarʕ kū'ßa
Linsen عدس ʕatß
Pilze شمبنيون schampinjō'n
Radieschen فجل figl
Rüben: gelbe ~, Mohr~ جزر ga'sar; **rote** بنجر ba'ngar
Salat سلطة ßa'lata; **Endivien~** هندبا ~ ~ hindi'ba; **Gurken~** خيار ~ ~ chijā'r; **Kartoffel~** بطاطس ~ ~ batā'tiß; **Kopf~** خس ~ ~ chaßß
Sellerie كرفس kara'fß
Spargel اسباراجاس aßpa'ragaß; **~köpfe** روس ال ~ rūß el~; **Stangen~** عروق ال ~ ʕirū'ʔ el~

Spinat سبانخ ßabā'niċh
Tomaten طماطم ŧamā'ŧim
Zichorie شكوريا schikō'rja
Zwiebel بصل ba'ßal

Eier بيض bēđ

Ei بيضة bē'đa; **faules ~** خسرانة ~ ~ ~ċhaßrā'na; **frisches ~** طازة ~ ~ tā'sa; **gekochtes ~** مسلوقة ~ ~maßlū'ʔa; **hartes ~** جامدة ~ ~ ga'mda: **rohes~** نية ~ ~ na'j-ja; **~dotter** صفار ال ~ ßafā'r el ~; **~weiß** بياض ال ~ bajā'đ el~; **Spiegel~** بيض مقلى bēđ ma'ʔli
Eierkuchen امليت omle'tt; **~ mit Konfitüren** بالمربى ~ ~ bil-mira'b-ba

Nachtisch الحلو el-ħi'lu

Käse جبنة gi'bna; **geriebener** برمزان ~ ~ parmisā'n; **weicher ~** طرية ~ ~ ŧari'j-ja; **Gorgonzola** جرجنزولا gorgonsō'la; **Holländer ~** فلمنك ~ ~ falama'nk; **Parmesan** برمزان parmisā'n; **Schaf~** ضانى ~ ~ đā'ni; **Schweizer ~** سويسرى ~ ~ ßωi'ßri; **Streich~** ورق ~ ~it ωa'raʔ; **Ziegen~** ماعز ~ ~ mā'ʕis

Obst الفواكه el-faωā'kih

Ananas اناناس ananā'ß
Apfel تفاح tif-fā'ħ; **Granat~** رمان rum-mā'n
Apfelsine برتقان burtuʔā'n
Aprikose مشمش mi'schmisch
Banane موز mōs
Beeren: Erd~ فراولة frau'la; **Him~** توت tūt
Birne كمثرى kom-mi'tra
Datteln بلح ba'laħ

Feige تين tīn
Kastanien ابوفروة abufa'rωa
Kirschen كراز kirā's
Kompott كبوت kompō't
Mandarine يوسف افندى jū'ßif afa'ndi
Mandeln لوز lōs
Melone شمام scham-mā'm; **Wasser~** بطيخ bat-ŧī'ch
Mirabelle برقوق اصفر barʔū'ʔ a'ßfar
Nüsse جوز gōs; **Hasel~** بندق bu'nduʔ
Pfirsich خوخ chōch
Pflaumen برقوق barʔū'ʔ; **Back~** قراصية ʔara'ßja
Quitten سفرجل ßafa'rgil
Reneklode برقوق اخضر barʔū'ʔ a'chdar
Rhabarber راوند rā'ωind
Rosine زبيب sibī'b
Traube عنب ʕi'nab
Zitrone لمون lamū'n

Süßspeisen الحلويات el-ħalaωij-jā't

Butterteig mit Eierkrem فطير بالكريمة fiŧī'r bil-krē'ma
Eierkrem mit Wein كريمة بالنبيذ krē'ma bin-nibī't
Torte تورتة tō'rta
Karameltorte تورتة بالكرملة tō'rta bil-karame'l-la
Mandeltorte تورتة باللوز tō'rta bil-lō's
Obsttorte تورتة بالفواكه tō'rta bil-faωā'kih
Pudding بودنج pū'ding
Speiseeis جيلاتى schila't-ti

Sport, Vergnügen, Zeitvertreib

الرياضة والتسلية وتضييع الوقت er-rijā'đa ωit-taßli'je ωitađjī'ʕ el-ωa-ʔt

Abstieg نزول musū'l
Achterbahn منتانى روس monta'nj rüßß

amüsieren (sich) يتسلى jitßa'l-la
Haben Sie sich gut amüsiert? اتسليت كويس؟ itßal-lē't kuωa'j-jiß?
angeln يصطاد سمك jißṭā'd ßa'mak
Aufstieg طلوع ṭulū'ʕ
Ball باللو، كورة ba'l-lo, kō'ra; **Kostüm~** باللو ba'l-lo; **Masken~** بال مسكيه bāl maßkē'; **~spielen** يلعب كورة ji'lʕab kō'ra
Ballon بالون bal-lō'n
Berg-und-Tal-Bahn منتاني روس monta'nj rüßß
Billard بلياردو bilja'rdu; **~kugel** كورة ~ kō'rit~; **~stock** عصا ~ ʕa'ßa ~; **~zimmer** صالة ~ ßā'lit ~
Blumenkorso حرب الزهور ħarb es-suhū'r
Boot: Ruder~ مركب ma'rkib; **~fahrt** فسحة بال ~ fu'ßħa bil~; **Falt~** ~ ~ منطوية munṭa'ωija; **Motor~** موتور بوت mō'tor bōt; **Paddel~** كانو kanō'; **Segel~** ~ ~ قلع ʔalʕ
boxen يلاكم jilā'kim
Boxer ملاكم mulā'kim
Boxkampf ملاكمة mula'kma
Bridge بردج bri'dsch
bummeln, ~ gehen يتفسح jitfa'ß-ßaħ
Damebrett ضامة đā'ma; **Damespiel** لعبة ال ~ li'ʕbit eđ~; **Damestein** حجر ال ~ ħa'gar eđ~; **Dame spielen** يلعب ~ ji'lʕab ~
Domino ضمنة đō'mana
Einlage, Einsatz ميزة mī'sa
Fallschirm باراشوت paraschū't; **~springer** نازل بال ~ nā'sil bil~
fechten يسايف jißā'jif; **Fechter** مسايف mißā'jif
Fest عيد ʕīd; **Volks~** ~ ~ قومى ʔau'mi
fliegen يطير jiṭī'r
Flieger طيار ṭaj-jā'r
Flug طيران ṭajarā'n; **Rund~** رياضة ~ rijā'đit ~; **Segel~** ملاحة هوائية milā'ħa haωaʔi'j-je; **Sturz~** دايفنج da'jwing
Fußball|spiel لعب كورة li'ʕab kō'ra; **~spieler** لعيب ~ laʕ ʕī'b~

Ball كورة kō'ra
Mannschaft فريق farī'ʔ
Schiedsrichter حكم ħa'kam
Spieler لعيب laʕ-ʕī'b
Stoß: Frei~ ضربة đa'rb a; **Straf~** فاول ~ ~ it faul
Tor جول gōl
Torwart حارس الجول ħā'riß el-gōl

Golf جولف golf
Gondel جندولة gondō'la
Gymnastik جمباز gumbā's; **treiben** يعمل ~ ji'ʕmil ~
Hockey هوكى ho'ki
Jagd صيد ßēd; **auf die ~ gehen** يروح ال ~ jirū'ħ eß~; **~flinte** بندقية ~ bunduʔi'j-jit ~; **~hund** كلب ~ kalb ~; **~schein** رخصة ~ ru'chßit ~
Jahrmarkt سوق sūʔ
Kampfbahn حلبة مصارعة ħa'labit mußa'rʕa
Kartenspiel لعب ورق liʕb ωa'raʔ; **Spiel Karten** ورق لعب ωa'raʔ liʕb

abheben يقطع ji'ʔŧaʕ
As آس āß
ausspielen يطلع ji'ŧlaʕ
Bube ولد، فاليه ωa'lad *od.* walē'
Dame دام dām
Farbe لون lọn
geben يفرق jifa'r-raʔ
Herz كير، قلب kör *od.* ʔalb
Karo كارو، ديناري karō' *od.* dinā'ri
König روا، راجل ruā *od.* rā'gil
Kreuz ترفل، سباتي tre'fl *od.* ßibā'ti
mischen يفنط jifa'n-naŧ
Partner زميل semī'l
Pik بيك، ستوني pīk *od.* bastō'ni
Stich لفيه، شيلة löwē' *od.* schē'la
Strohmann دمى da'mi
Trumpf اتو atū'
Wie hoch spielen Sie? حاتلعب بكام hati'lʕab bikā'm?

Kasino (Kur~, Spiel~) كازينو kasī'no

Karussel لعبة الخيول الخشبية الدايرة li'ˁbit el-chujū'l el-chaschabi'j-ja ed-dā'jra

Kegelspiel لعبة التسع خشبات li'ˁbit et-ti'ßaˁ chaschabā't

Korbballspiel لعبة كـورة السلة li'ˁbit ko'rit eß-ßil-la

Klub نادى nā'di

Krickett كريكيت kri'ket

Läufer جارى gā'ri

Leibesübungen تمرينات بد نية tamrinā't badani'j-ja

Leichtathletik العاب رياضية alˁā'b rijađi'j-ja

Diskuswerfen رمى الاقراص ramj el- aˀrā'ß

Kugelstoßen رمى كـورة الحديـد ramj kō'rit el-ħadī'd

Lauf جرى ga'rj; **100-Meter~, 3000-Meter-Lauf** متر (ثـلاثـة الاف) ميت ~ ~ mīt (tā'lat-talā'f) mitr· **Hürden~** الحواجز ~ ~ el ħaωā'gis

Sprung قفز ˀafs; **Hoch~** عالى ~ ~ ˁā'li; **Stabhoch~** عالى بـالـعصا ~ ~ ˁā'li bil-ˁa'ßa; **Weit~** طويل ~ ~ ŧaωī'l; **Start** طلوع ŧulū'ˁ

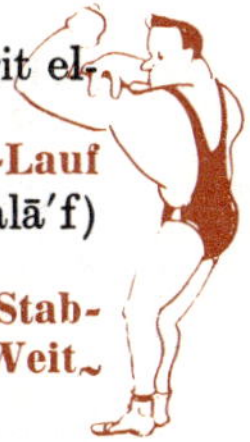

Meisterschaft بطولة buŧū'la

musizieren يضرب عالمزيكة ji'đrab ˁal-mas-sī'ka

Nachtlokal كباريه kabarē'

Netz شبكة scha'baka

Partie شوط schō'ŧ

Preis جايزة ga'jsa

Radrennbahn حلبة سباق البسكلتات ħa'labit ßibā'ˀ el-bißklit-tā't

Regatta سباق المراكب ßibā'ˀ el-marā'kib

Reit|bahn حـلـبـة ركوب الخيل ħa'labit rukū'b el-chē'l; **~er** خيال chaj-jā'l; **~peitsche** كرباج الخيال kurbā'g el-chaj-jā'l; **~sport** رياضة ركوب الخيل rijā'đit rukū'b el-chē'l

Rekord براعة barā'ˁa; **einen ~ aufstellen (drücken, halten)** ~ يظهر (يتقدم في ، يستمرفى) ~ ji'shir (ji'tˀa'd-dim fi, jißtami'rr fi) ~

Renn|bahn ميدان سباق midā'n ßibā'ʔ; **~boot** مركب سباق ma'rkib ßibā'ʔ; **~fahrer** مسابق بالسيارة mißā'biʔ biß-ßajā'ra
Rennen (das) سباق ßibā'ʔ; **Auto~** ~ سيارات ~ ßaj-jarā't; **Motorrad~** ~ موتوسكلات ~ motoßiklā't; **Pferde~** ~ خيل ~ chē'l; **Rad~** ~ بسكلتات ~ biß-klit-tā't; **Wett~** ~ رهان ~ rihā'n
Buchmacher صراف تذاكر الرهان ßar-rā'f tasā'kir er-rihā'n
Einsatz مبلغ الرهان ma'blaγ er-rihā'n
Ende نهاية nihā'ja
Favorit فافورى fawori'
Flachrennen سباق بسيط ßibā'ʔ baßī't
Hindernisrennen سباق عوائق ßibā' ʕaωā'jiʔ
Hippodrom ميدان سباق الخيل midā'n ßibā'ʔ el-chē'l
Hürdenrennen سباق الحواجز ßibā' ħaωā'gis
Jockey جوكى scho'ki
Rennpferd حصان سباق ħußā'n ßibā'ʔ
Start طلوع tulū'ʕ
Totalisator دافع الرهان dā'fiʕ er-rihā'n
Trainer ممرن muma'r-rin
Ziel هدف ha'daf
ringen يصارع jißā'riʕ
Ringkampf مصارعة mißa'rʕa
Rollschuh جزمة بعجل gi'sme biʕa'gal
Ruder مقداف miʔdā'f; **~er** قداف ʔad-dā'f; **~boot** مركب مقداف ma'rkib miʔdā'f **~sport** رياضة التقديف rijā'đit et-taʔdī'f
Rundfunk الراديو ra'djo; **~apparat** راديو ra'djo; **~hörer** ~ سامع ßā'miʕ ~; **~kofferapparat** شنطة~ ~scha'nta; **~sender~** مذيع musī'ʕ~; **~sendung, ~übertragung** ~ اذاعة isā'ʕit ~; **~ einschalten** يضبط الراديو ji'sbut er-rā'djo
Ansager مذيع musī'ʕ
Antenne انتين antē'n

einstellen يوجه الراديو juωa'g-gih er-rā'djo
Empfang استقبال ißti?bā'l
Empfänger مستقبل الراديو mißta'?bil er-rā'djo
erden يحط اسلاك الراديو فى الارض jiħu'ŧŧ aßlā'k er-rā'djo fil-a'rđ
Erdung حط اسلاك الراديو فى الارض ħaŧŧ aßlā'k er-rā'djo fil-a'rđ
Fernsehen تليفيزيون telewisjō'n
Frequenz ~ قوة ?u'-ω-ωit ~
hören يسمع ji'ßma^{ʕ}
Hörer سميع ßam-mī'ʕ
isolieren يعزل ji'ʕsil
knattern يخشخش jicha'schechasch
Lautsprecher مكروفون mikrofō'n
Lautstärke قوة الصوت ?u'ω-ωit eß-ßōt
Mikrophon مكروفون mikrofō'n
Nachrichtendienst قسم الاخبار ?ißm el-?achbā'r
Nebengeräusche ~ خشخشة chaschecha'schit ~
Röhre صمام الراديو ßimā'm er-rā'djo
Schwingung ذبذبة sabsa'ba
senden يذيع jisi'ʕ
Spule بوبينة bobī'na
Station محطة maħa'ŧ-ŧa
Stecker كوبس kopß
stören يشوش jischa'ω-ωisch
Welle موجة mō'ga; **~nlänge** ~ طول ال ŧūl el ~;
Kurzwellen ~ قصيرة ~ ?ußaj-ja'ra; **Langwellen** ~ طويلة ~ ŧaωī'le;
Mittelwellen ~ متوسطة ~ mutaωaß-ßi'ŧa;
Ultrakurzwellen ~ قصيرة خالص ~ ?ußaj-ja'ra chā'liß
Wetterbericht اخبار الطقس achbā'r el-ŧa?ß

Schach شطرنج schatara'ng; **~brett** ~ رقعة ru'?ʕit ~; **~figur** ~ حجر ħa'gar ~; **~matt** الشاه مات esch-schā'h mat; **eine Partie ~ spielen** يلعب دور ~ ji'lʕab dōr ~
Bauer عسكرى ʕaßka'ri; **Feld** خانة chā'na;

König شاه schā'h; **Königin** وزير ωasī'r; **Läufer** فيل fīl; **rochieren** يبيت jiba'j-jit; **Springer** فرس fa'raß; **Turm** طابية ŧa'bja; **ziehen** يكش jiki'schsch; **Zug** تحريك taħrī'k

Schi سكى ßki

Schiedsrichter حكم ħa'kam

schießen يضرب النار ji'đrab en-nār; **Scheiben~** نشان ضرب النار naschā'n đarb en-nār; **Wett~** رهان ضرب النار rahā'n đarb en-nār

Büchse غدارة γad-dā'ra

Gewehr سلاح نارى ßilā'ħ nā'ri

laden يعمر ji'a'm-mar

Ladung تعمير ta'mī'r

losdrücken يضرب النار ji'đrab en-nār

Schießstand موقف ضرب النار mau'ʔafđarb en-nār

Schütze ضارب النار đā'rib en-nā'r

treffen: die Scheibe يصيب النشان jißī'b en-naschā'n; **das Ziel** يصيب الهدف jißī'b el-ha'daf

Schlitten جرارة gar-rā'ra; **~fahrt: ~fahren** يسير بال~ jißī'r bil~

schwimmen يعوم ji'ō'm

Schwimmen (das) عوم 'ōm; **Brust~** ~ عالصدر ~ aß-ßi'dr; **Rück~** ~ عالظهر ~ 'ad-da'hr

Schwimmbecken حوض سباحة ħōđ ßibā'ħa

Sprungbrett خشبة قفز cha'schabit ʔafs

tauchen يغطس ji'γŧaß

einen Kopfsprung machen يغطس براسه ji'γŧaß birā'ßu

segeln يركب مركب قلع ji'rkab ma'rkib ʔa'l'

Sieger غالب γā'lib

spazierengehen يتفسح jitfa'ß-ßaħ

Spazier|fahrt فسحة fu'ßħa; **~gang** فسحة fu'ßħa; **~ritt** فسحة عالخيل fu'ßħa 'al-chē'l

Spiel لعب li'b; **~karte** كتشينة kutschī'na; **~marke** فيش fīsch; **~platz** ملعب ma'l'ab; **~tisch** ~ ترابيزة tarabē'sit ~; **~zeug** لعبة li''ba

spielen: Ball, Karten ~ يلعب كورة (ورق) ji'lˁab kō'ra, (ωa'raʔ); **falsch ~** يغش في اللعب jiγi'sch fil-li'ˁb; **um Geld ~** يلعب قمار ji'lˁab umā'r

Spieler لعيب laˁˁī'b; **Falsch~** غشاش في اللعب γasch-schā'sch fil-liˁb; **Mit~** ~ زميل ال semī'l ~

Spielkasino كازينو لعب kasī'noliˁb

Bankhalter مدير بنك القمار mud-i'r bank el-ʔumā'r

Einsatz ميزة mī'sa; **setzen** ~ يحط jiħu'tt ~

Sport رياضة rijā'đa; **~treiben** ~ يعمل ji'ˁmil ~; **~leidenschaft** ~ غواية ال γiωā'jit er~; **~liebhaber** ~ غاوي ال γā'ωi ~; **~mann** رياضي rijā'đi; **~teil (einer Zeitung)** قسم ال ~ (في الجرايد) ʔißm er~ (fil-garā'jid); **~trikot** ~ جاكتة schake'tit ~; **Auto~** ~ ركوب السيارات ~it rukū'b eß-ßaj-jara't; **Berg~** ~ الجبال ~ el-gibā'l; **Fecht~** ~ المسايفة ~it el-mißā'jfa; **Motorrad~** ~ الموتوسكلات ~it el-motoßiklā't; **Pferde~** ~ ركوب الخيل ~it rukū'b el-chē'l; **Ruder~** ~ التقديف ~it et-taʔdī'f; **Segel~** ~ ركوب المراكب ~it rukū'b el-marā'kib; **Wasser~** ~ المائية ال ~ er~ el-maʔi'j-ja; **Winter~** ~ شتوية ~ schitωi'j-ja

Tanz رقص raʔß; **~bar** يترقص jitri'ʔiß; **tanzen** يرقص ji'rʔuß

Darf ich Sie um diesen Tanz bitten? تسمحي بالرقصة دي؟ tißma'ħi bir-ra'ʔßa di?

Danke, ich tanze nicht اشكرك انا ما رقصش asch-ko'rak a'na ma rʔu'ßsch

Sie tanzen sehr gut انت بترقصي عال inti bitirʔu'ßi ˁā'l

Ich habe Tanzstunden genommen انا اخذت دروس رقص ana acha'tt durū'ß raʔß

Fünfuhrtee شاي الساعة خمسة schā'j eß-ßā'ˁa cha'mßa

Saxophon سكسوفون ßakßofō'n

Tänzer رقاص raʔʔā'ß; **~in** رقاصة raʔʔā'ßa

Tanzlokal محل رقص maħa'll raʔß

Tanzmusik مزيكة رقص mas-sī'kit raʔß

Tanzorchester اركستر رقص orke'ßtr ra'ß
Tennis تنيس te'niß; **~platz** كورت ~ ko'rt ~;
Tisch~ بنج بونج ping pong
Aufschlag بداية اللعب bidā'jit el-liˁb
Ball كورة kō'ra
Fehler غلطة γa'lṫa
gemischtes Doppel دوبل مختلط du'bl muchta'liṫ
Herreneinzel مفرد رجالى mu'frad rigā'li
Netz شبكة scha'baka
Schläger راكيت ra'ket
trainieren يمرن jima'r-ran
unterhalten (sich) يتسلى jiß-ßa'l-la
Unterhaltung تسلية taßli'ja
vergnügen (sich) يسلى jiß-ßa'l-la
Vergnügung تسلية taßli'ja
Wette رهان rihā'n; **wetten** يراهن jirā'hin; **auf ein Pferd wetten** يراهن على حصان jirā'hin ˁale ħißā'n
Wettkampf مسابقة mißa'bʔa
Würfel زهر sahr; **~ spielen** يلعب ~ ji'lˁab ~; **~becher** ظرف ~ sarf ~
Zeitvertreib تضييع وقت tadjī'ˁ waʔt
Zerstreuung تسلية taßli'ja
Ziel هدف ha'daf

Staat دولة dau'la

Abgeordnetenhaus مجلس نواب ma'gliß nuw-wā'b
Abgeordneter عضو مجلس نواب ˁu'du ma'gliß nuw-wā'b
Aufenthaltserlaubnis ترخيص اقامة tarchħīß iʔā'ma
Bekanntmachung اعلان iˁlā'n; **öffentliche ~** ~ رسمى ~ ra'ßmi
Bevölkerung تأهيل بالسكان taʔhī'l biß-ßuk-kā'n
Botschaft (gebäude) سفارة ßifā'ra
Botschafter سفير ßafī'r
Bürgermeister عمدة ˁu'mda
Bürgermeisteramt ديوان العمدة diwā'n el-ˁu'mda

Demokratie ديموقراطية dimokrati'j-ja
Einwohnermeldeamt مكتب تغيير محل الاقامة ma'ktab taγjī'r maħa'll el-iˁā'ma
Flagge راية rā'je; **beflaggen** ~ يعلق jiˁa'l-laʔ ~
Gemeinde بلدية baladi'j-je; **~haus** مجلس بلدى ma'glis ba'ladi; **~vorsteher** ~ مدير ال mudī'r el ~
Gesandter وزير مفوض ωasī'r mufa'ω-ωađ
Gesandtschaft(sgebäude) مفوضية mufaω-ωađi'j-ja

Gesetz قانون ʔanū'n; **2lich** قانونى ʔanū'ni
Konsul قنصل ʔu'nßul; **~at** قنصلية ʔunßuli'j-ja
Minister وزير ωasī'r; **Außen~** ~ خارجية chargi'j-ja; **Finanz~** ~ مالية ~ mali'j-ja; **Innen~** ~ داخلية ~dachli'j-ja; **Kriegs~** ~ حربية ~ ħar-bi'j-ja; **Unterrichts~** ~ تربية ~tarbi'ja; **Wirtschafts~** ~ اقتصاد ~iʔtißā'd
Ministerium وزارة ωisā'ra
Nationalhymne نشيد وطنى naschī'd ωa'ŧani
Parlament(sgebäude) مجلس نواب ma'gliß nuω-ωā'b
Polizei بوليس bulī'ß; **~präsidium** ~ رئاسة riʔā'-ßit ~; **~revier** ~ قسم ʔißm~; **~stunde** {ساعة قفل المحلات} ßā'ˁit ʔafl el-maħal-lā't; **~truppe** ~ فرقة fi'rʔit ~; **Bahn~** ~ سكة حديد ~ ßi'k-ka ħadī'd; **Hafen~** ~ مينا ~ mī'na; **Sicherheits~** ~ امن ~ amn; **Straßen~** ~ طرق ~ ŧu'ruʔ
Provinz مديرية mudiri'j-ja
Rathaus مجلس بلدى ma'gliß ba'ladi
Regierung حكومة ħukū'ma; **~sbezirk** ~ دايرة da'-jrit~; **~schef** ~ رئيس raʔī'ß ~; **~sgebäude** ~ ديوان diωā'n ~; **~spräsident** ~ رئيس raʔī'ß ~
Senat مجلس شيوخ ma'gliß schijū'ch; **Senator** ~ عضو ˁu'du ~
Staat دولة dau'la; **~sangehöriger** تابع tā'biˁ; **~sangehörigkeit** تبعية tabaˁi'j-ja; **~soberhaupt** ~ رئيس raʔī'ß ~

Stadt und Land

البلدة والريف el-ba'lda ωir-rī'f

Adreßbuch دليل عناوين dalī'l ʕanaωī'n

Akademie معهد ma'ʕhad; **Kunst~** ~ فنون ~ funū'n

Allee طريق اشجار ŧarī'ʔ aschgā'r

Amt مكتب ma'ktab; **Finanz~** ~ مالية ~ mali'j-ja; **Telephon~** ~ تليفون ~ telefō'n; **Zoll~** ~ جمارك ~ gamā'rik

Anlagen منتزهات muntasahā't

Anstalt مؤسسة mu'aß-ßa'ßa; **Bedürfnis~** مرحاض عمومى mirħā'đʕumū'mi; **Bildungs~, Erziehungs~, Lehr~** معهد تعليم ma'ʕhad taʕlī'm; **Gas~** مصنع جاز ma'ßnaʕ gās; **Heil~** مصحة maßa'ħ-ħa; **Irren~** مستشفى مجازيب mußta'sch-fa magasī'b

Aufenthalt اقامة ikā'ma; **~serlaubnis** ~ تصريح taßrī'ħ ~

Ausstellung معرض ma'ʕrađ; **Kunst~** ~ فنى ~ fa'n-ni; **Welt~** ~ عالمى ~ ʕā'lami

Bach قناية ʔanā'ja

Baum شجرة ßa'gara

Beleuchtung نور nūr

Laterne (Straßen~) فانوس طرق fanū'ß ŧu'ruʔ; **~npfahl** ~ عمود ʕamū'd el~

Bogenlampe لمبة عمود la'mbit ʕamū'd

Berg جبل ga'bal; **♀ab** نازل مال ~ nā'sil mil~; **~abhang** ~ دحديرة doħdē'rit el~; **♀auf** طالع عال ~ ŧā'liʕ ʕal~; **~gipfel, ~spitze** ~ قمة ʔi'm-mit el~; **~hütte** ~ عشة ʕi'sch-schit ~

Besichtigung, Besuch زيارة sijā'ra

Wann kann man ... besichtigen? امتى يمكن نشوف ...؟ imta ji'mkin nischū'f .... ?

Wann ist ... geöffnet? امتى يكون ... مفتوح؟ imta jikū'n ... maftū'ħ?

... ist den ganzen Tag (von ... bis ...) geöffnet مفتوح طول النهار (من ... لحد ...) ...maftū'ħ ŧūl en-nihā'r(min ... liħa'd ...)

Ist der Eintritt frei? هل الدخول مجانى؟ hal ed-diehū'l mag-gā'ni ?
Eintritt verboten! الدخول ممنوع! ed-diehū'l mamnū'ˁ
Sie müssen eine Eintrittskarte haben لازم تاخد تذكرة دخول lā'sim tā'ehud taska'rit duehū'l
Wo kann ich sie bekommen? اجيبها منين؟ agi'b-ha minē'n ?
An der Kasse مالخازنة mil-eha'sna
Wenden Sie sich an den Vorsteher روح للمدير rūħ lil-mudī'r

betteln يشحت ji'schħat
Bettler شحات schaħ-ħā't
Bibliothek (öffentliche, städtische) مكتبة (عمومية، بلدية) ma'ktaba (ˁumumi'j-je, baladi'j-ja); [[**Leih~** ~ اعارة ~it iˁā'ra
Börse بورصة bu'rßa; **~nbericht** كشف اسعار ال ~ kaschf aßˁā'r el~; **Fonds~** ~ اوراق مالية ~aurā'ʾ mali'j-ja; **Produkten~** ~ حبوب ~it ħubū'b
Brücke eiserne, (hölzerne, steinerne) كبرى حديد، (خشب، حجر) ku'bri, ħadī'd (eha'schab, [[ħa'gar); **Hänge~** ~ ~ معلق miˁa'l-laʾ; **Ketten~** ~ ~ معلق miˁa'l-laʾ; **Zug~** ~ ~ متحرك muta-ħa'r-rik
Brunnen (Spring~) فسقية faßʾi'j-ja; **Zieh~** بير bīr
Bürgermeister عمدة ˁu'mda
Chaussee طريق عريض ṭarī'ʾ ˁarī'đ
Deich سد ßadd
Denkmal تمثال timßā'l
Dom كاتدرائية katidraʾi'j-ja
Dorf قرية ka'rja
Durch|fahrt, ~gang ممر mama'rr
Ebene سهل ßa'hl
Fabrik مصنع ma'ßnaˁ; **Baumwoll~** محلج قطن ma'-ħlag ʾutn; **Seiden~** ~ حرير ~ ħarī'r
Feld غيط γēt

Felsen صخر ßachr; **steiler ~** سحيق ~ ~ ßaħī'ʔ
Festung حصن ħißn; تحصين taħßī'n
Feuer حريق ħarī'ʔ; **~löscher** ~ مطفأة miŧfa'ʔit ~;
~wehr فرقة مطافي fi'rʔit maŧā'fi
Fluß نهر nahr; **~abwärts (~aufwärts)** مع التيار (ضد) maʕa et-tajā'r (đidd~)
Fresken صور حيط ßu'ωar ħēŧ
Friedhof مقبرة maʔba'ra

Fundbüro مكتب الاشياء الضايعة ma'ktab el-aschjā'ʔ eđ-đa'jʕa
Galerie (Bilder~, Gemälde~) معرض صور ma'ʕrađ ßu'ωar
Garten جنينة ginē'na; **botanischer ~** نباتات ~ ~ na-batā't; **Gemüse~** خضار ~ ~ chuđā'r; **zoologischer ~** حيوانات ~ ~ ħajωanā't
Gasse حارة ħā'ra; **Sack~** مسدودة ~ ~maßdū'da
Gebäude عمارة ʕimā'ra
Gebirge جبال gibā'l
Gefängnis سجن ßign
Gehöft عزبة ʕi'sba
Gericht(sgebäude) محكمة maħka'ma
Graben خندق cha'ndaʔ
Grenze حد ħadd
Grotte كهف kahf
Gut: Land~ عزبة ʕi'sba
Halbinsel شبه جزيرة schibh gisī'ra
Haus بيت bēt; **Bauern~** عزبة ~ ~ ʕi'sba; **Kranken~** اسبتاليا ißbitā'lje; **Land~** ريف ~ ~ rīf; **Pfand~** محل رهن maħa'll rahn; **Rat~** بلدية baladi'j-ja; **Schlacht~** مجزر ma'gsar; **Waisen~** ملجأ ايتام ma'lgaʔ ajtā'm; **Wirts~** محل عمومى maħa'll ʕumū'mi
Hügel تل tall
Hütte عشة ʕi'sch-scha
Insel جزيرة gisī'ra
Kanal قناية ʔanā'ja; **Abzugs~** مصرف ma'ßraf
Kaserne قشلاق ʔischlā'ʔ

Kirche (katholische, protestantische) كنيسة (كاتوليك، بروتستانت) kinī'ßa (katolīk, brotiß- ta'nt)

Altar مدبح ma'dbaħ; **Haupt~** ~ كبير ~ kebī'r

Bischof اسقف a'ß'uf; بطرق ba'tra'

Chor تخت tacht

Glocke جرس ga'raß

Glockenturm برج الاجراس burg el-agrā'ß

Gottesdienst صلاة ßalā'

Grab قبر 'abr; **~stein** ~ حجر ħa'gar ~

Kanzel منبر mi'nbar

Kapelle زاوية sa'ωja

Katakombe مدفن تحت الارض ma'dfan taħt el-arđ

Kirchhof مقبرة ma'ba'ra

Kirchturm برج الكنيسة burg el-kinī'ßa

Kuppel قبة 'u'b-ba

Küster خدام الكنيسة chad-dā'm el-kinī'ßa

Messe قداس 'idā'ß

Papst بابا ba'ba

Pfarrer, Priester قسيس 'aß-ßī'ß

Portal مدخل ma'dchal

Predigt وعظ ωā'ʕs

Sakristei خزنة الكنيسة chasā'nit el-kinī'ßa

Stuhl كرسى ku'rßi; **Bet~** ~ صلاة ~ ßalā'; **Beicht~** ~ اعتراف ~ iʕtirā'f; **Heiliger** ~ فاتيكان watikā'n

Taufkapelle محراب تنصير miħrā'b tanßī'r

Klinik مستشفى mußta'schfa

Kloster دير dēr

Krematorium فرن احراق الجثث furn iħrā'' el-gi'tat

Land ريف rīf; **aufs ~ gehen** ~ يطلع ال ji'tlaʕ er~; **auf dem ~e wohnen** ~ يسكن ال ji'ßkun er~

Magistrat بلدية baladi'j-ja

Markt (Wochen~) سوق ßū'; **~halle** ~ مسقوف ~ maß'ū'f; **Jahr~** سوق sū'

Meer بحر baħr

Moschee *s. S. 201*

Mühle طاحونة ŧaħū'na
Museum متحف ma'tħaf
Ort(schaft) قرية ka'rja
Oase وَاحَة ωā'ħa
Palast قصر او سرايه ʔaßr *od.* ßarā'ja
Park(anlage) منتزة munta'sa
Pfad ممر mama'rr
Pfand|leihe سلفة رهن ßu'lfit rahn; **~schein** عقد ~ ʕaʔd ~ **versetzen** يرهن ji'rhan
Platz ميدان mıdā'n; **Markt~** سوق ~ ~ ßūʔ
Polizei بوليس bulī'ß
Polizist عسكرى ʕaßka'ri ~; **Verkehrs~** مرور ~ ~ murū'r

Promenade فسحة fu'ßħa; **~ am Meer** عالبحر ~ ~ al-baħr
Pumpe طرمبة ŧuru'mba
Pyramide هَرَم ha'ram
Quelle بير bīr
Rettungsstation محطة اسعاف maħa'ŧit ißʕā'f
Ruine خرابة charā'ba
Säule عمود ʕamū'd;
Schloß قصر ʔaßr
Schule مدرسة madra'ßa; **Handels~** تجارة ~ ~ tigā'ra; **Hoch~** عالية ~ ʕa'lja; **Mittel~** متوسطة ~ ~ mutaωaß-ßi'ta; **Ober~(Gymnasium)** ثانوية ~ ~ ßanaωi'j-ja; **Volks~** اولية ~ ~ aω-ωali'j-je
See (der) بحيرة biħē'ra; **~ (die)** بحر baħr
Sehenswürdigkeiten مناظر manā'sir; **die ~ besichtigen** يشوف ال ~ jischū'f el~
Sphinx ابو الهول abul-hō'l
Stadt بلد ba'lad; **in die ~ gehen** يروح ال ~ jirū'ħ el~; **~plan** رسم ~ raßm el~; **~viertel** حى ħajj; **Groß~** كبيرة ~ ~ kebī'ra; **Haupt~** عاصمة ʕa'ßma; **Klein~** صغيرة ~ ~ ßiγaj-ja'ra; **Vor~** ضاحية đa'ħja
Sternwarte مرصد فلكى ma'rßad fa'laki
Straße شارع schā'ri; **asphaltierte ~** اسفلت ~ ~ aßfa'lt; **belebte ~** مزحوم ~ ~ masħū'm;

breite ~ واسع ~ ~ ωā'ßiˤ; **einsame** خال ~ ~ chā'li; **glatte** ~ مساوى ~ ~ mißā'ωi; **holperige** ~ مفحر ~ ~ mifa'ħ-ħar; **nasse** ~ مبلول ~ ~ mablū'l; **ruhige** ~ هادى ~ ~ hā'di; **schmale** ~ ضيق ~ ~ đa'j-jaˤ; ~**mit Kleinpflaster** ببلاط صغير ~ ~ bibalā'ŧ ßiγa'j-jar; **auf der** ~ فى الشارع fisch-schā'riˤ; **über die** ~ **gehen** يخطى ال ~ jicha'ŧ-ŧi esch~; ~**necke** ناصية ال ~ na'ßjit esch~; ~**nkreuzung** تخطية ال ~ tachŧi'jit esch~; ~**npflaster** بلاط ال ~ balāŧ esch~; ~**nverkehr** حركة مرور ħa'rakit murū'r; **Auto**~, **Autobahn** الاوتومو بيلات ~ ~ el-otomobilā't; **Einbahn**~ باتجاه واحد ~ ~ bit-tigā'h ωā'ħid; **Fahr**~ مرور ~ ~ murū'r; **Haupt**~ رئيسى ~ ~ raʔī'ßi; **Land**~ سكة زراعية ßi'k-ka siraˤi'j-ja; **Neben**~ طريق فرعى ŧarī'ʔ fa'rˤi; **Quer**~ مقاطع ~ ~ miʔā'ŧiˤ;

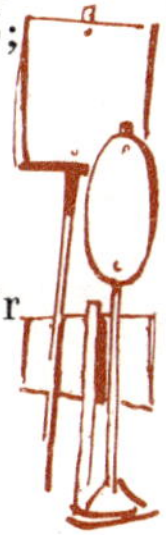

Asphalt~ اسفلت ~ ~ aßfa'lt

Bordstein حافة رصيف ħā'f-fit raßī'f

Bürgersteig رصيف raßī'f

Rettungsinsel رصيف تنظيم raßī'f tansī'm

Verkehrsampel انوار المرور anωā'r el-murū'r

Sumpf مستنقع mußta'nʔaˤ

Synagoge معبد يهود ma'ˤbad jahū'd

Tal وادى ωā'di; ~**sperre** سد ~ ßadd el~

Tor بوابة baω-ωā'ba

Turm برج burg; **Aussichts**~ فرجة ~ ~ fu'rga

Umgebung, Umgegend ضواحى đaωā'ħi

Unfallstation محطة اسعاف maħa't-ŧit ißˤā'f

Universität جامعة علوم ga'miˤit ˤulū'm

Vorort ضاحية đa'ħja

Vulkan بركان burkā'n; **Ausbruch** انفجار infigā'r; **Krater** فوهة fau'hit burkā'n; **Lava** حمم ħa'-mam

Wald غابة γā'ba

Wallfahrt حج ħagg; ~**skirche** كنيسة ~ kinī'ßit ~

Warnungstafel لوحة انذار lō'ħit insā'r

Wasser|fall شلال schal-lā'l; محطة طرمبات المياه. maħa'ŧ-ŧit turumbā't el-mijā'h
Werk مشغل ma'schγal
Weg طريق ŧarī'ˀ; **fahrbarer (richtiger, falscher)** ~ ~ مستعمل (مظبوط، غلطان) mußta'ˁmal, (maßbū'ŧ, γalŧā'n); **~weiser** دليل طرق deli'l ŧu'ruˀ;

Fuß~ ~ ~ رجل rigl; ~ ~ لافف lā'fif
den Weg verfehlen, sich verlaufen يتوه jitū'h
Wiese مرج marg
Zaun سور ßūr
Zeitungskiosk كشك جرايد kuschk garā'jid; **Zeitungsverkäufer** بياع جرايد baj-jā'ˁ garā'jid
Zuchthaus لومان lumā'n

Toilettenartikel

ادوات الزينة adaωā't es-sī'nā

(Siehe auch Gruppen Apotheke und Drogerie, Bade- und Kurort, Geschäfte, Hotel, Reise, Friseur)

Brenneisen مكنة لى الشعر ma'kanit la'jj esch-scha'ˁr
Brillantine بريانتين brij-jantī'n
Bürste فرشة fu'rsche; **Haar~** ~ ~ شعر schaˁr; **Kleider~** ~ ~ هدوم hudū'm; **Nagel~** ~ ضوافر ~đaωā'fir; **Schuh~** ~ ~ جزم gi'sam; **Zahn~** ~ ~ سنان ßinā'n
sich die Haare (Kleider) bürsten يفرش الشعر (الهدوم) jifa'r-raschesch-scha'ˁr(el-hudū'm)
sich die Nägel (Zähne) bürsten يفرش الضوافر (الاسنان) jifa'r-rasch eđ-đaωā'fir,(el-asnā'n)
Eimer جردل ga'rdal
Haar|entferner ملقاط شعر mulˁā'ŧ schaˁr; **~färbemittel** ~ صبغة ßa'bγit ~; **~nadel** ~ دبوس dabbū'ß ~; **~netz** ~ شبكة scha'bakit ~; **~trockner, Fön~** آلة تجفيف ال ā'lit tagfī'f esch~; **~waschmittel~** مادة غسيل ال mā'd-dit γaßī'l esch~; **~wuchsmittel** مادة تقوية ال ~ mā'd-dit taˀωi'jit esch~
Handtuch فوطة fū'ŧa; **sauberes, schmutziges** ~

~ نضيف، وسخ ~ ~ niđī'f, ωi'ßieħ; **sich abtrocknen** يمسح وجه ji'mßaħ ωi'sch-schu

Hautpflege علاج الجلد ʕilā'g el-gild; **~mittel** دوا علاج ال ~ dā'ωa ʕilā'g el~

Kamm مشط mischt

sich kämmen يمشط شعره jima'sch-schat scha'ʕ-ru

Kölnischwasser كولونيا kolo'nja

Lavendel لاواندا laωa'nđa

Lippenstift احمر شفايف a'ħmar schafā'jif; **kußfester ~** ~ بيزيه ~ besē'

Lockenwickel لفافات تجعيد الشعر lufafā't tagʕī'd esch-schaʕr

Mundwasser مية غرغرة ma'j-jit γarγa'ra

sich den Mund ausspülen يتغرغر jitγa'rγar

gurgeln يتغرغر jitγa'rγar

Nacht|geschirr قصرية ʔaßri'j-ja; **~tisch** كومودينو komodī'no

Nagel|feile مبرد ضوافر ma'brad đaωā'fir; **~lack** ~ لاكيه lakē' ~; **~lackentferner** مزيل لاكيه ال ~ musī'l lakē' ed~; **~schere** ~ مقص miʕa'ßß ~

sich die Nägel schneiden يقص ضوافره jiʔu'ßß đaωa'fru

Parfüm ريحة rī'ħa; **~zerstäuber** ~ بخيخة buchchē'chit ~

Pomade مرهم ma'rham

Puder بودرة bo'dra; **~dose** ~ علبة ʕi'lbit ~; **~quaste** بدارة bad-dā'ra

sich pudern ~ يحط jiħu'tt ~

Rasierapparat عدة حلاقة دقن ʕi'd-dit|ħilā'ʔit daʔn; **~klinge** موس mūß; **~krem** كريم دقن krēm daʔn; **~messer** موس mūß; **~pinsel** ~ فرشة دقن fu'r-schit daʔn~; **~seife** صابون دقن ßabū'n daʔn; **~zeug~** ادوات حلاقة دقن adaωā't hilā'ʔit đaʔn

Schere مقص miʔa'ßß; **Haut~** ~ جلد ~ gild; **Nagel~** ~ ضوافر ~ đaωā'fir

Schminke دهان dihā'n; **rote ~** ~ احمر ~ a'ħmar

sich schminken يدهن jid-da'h-hin
Schönheitsmittel مادة تجميل mā'd-dit tagmī'l
Schwamm سفنجة ßifi'nga
Seife صابون ßabū'n; **stark, (schwachparfümiert)** بريحة قوية (خفيفة) birī'ħa, ʔaωi'j-ja (ehafī'fa); **ein Stück ~** ~ حتة ħit-tit ~; **~nnapf** صبانة ßab-bā'na; **Toiletten~** ~ · تواليت ~ tuale't
Spiegel مراية mirā'ja; **Taschen~** ~ جيب ~it gēb
Toilette تواليت tualē't; **~ machen** ~ يعمل ji'ʕmil ~; **~ntisch** ~ ترابيزة tarabē'sit ~
Wasch|becken حوض غسيل ħōd γaßī'l; **~lappen** ~ كيس kīß ~; **~tisch** مغسل ma'γßal; **~zeug** ~ ادوات adaωā't ~
waschen (sich) يغسل وجه ji'γßil ωi'sch-schu
Wasser ميه ma'j-ja; **frisches (fließendes, kaltes, lauwarmes, warmes) ~** ~ طازه (جارية، باردة، دافية سخنة) tā'sa, (ga'rja, ba'rda, da'fja, ßu'ehna); **~flasche** ~ ازازة isā'sit ~; **~glas** ~ كباية kub-bā'jit ~; **~hahn** ~ حنفية ħanafi'j-jit ~; **~kanne** ~ صفيحة ßafī'ħit ~
Zahn|bürste فرشة سنان fu'rschit ßinā'n; **~paste** ~ معجون maʕgū'n ~; **~pulver** ~ مسحوق maß-ħū'ʔ ~
sich die Zähne putzen ينضف سنانه jina'đ-đaf ßinā'nu

Verkehrsmittel

وسائل المواصلات ωaßā'ʔil el-muaßlā't

(Siehe auch Gruppen Eisenbahn, Hotel, Post, Reise, Stadt und Land, Zeit)

aussteigen ينزل ji'nsil
Achse دنجل du'ngul
anhalten يوقف ju'ʔaf
Auto اوتوموبيل otomobī'l; **~brille** ~ نضارة nađ-đā'rit ~; **~bus** اوتوبيس otobī'ß; **~fahrt** ~ ذهاب sahā'b ~; **~rennen** ~ سباق ßibā' ~; **~sport** ~ رياضة rijā'đit ~; **~stand** ~ موقف mau'ʔaf ~; **~straße** ~ طريق tarī' ~; **Last~** لورى lō'ri;

Liefer~ ~ تسليم بضايع ~ taßlī'm badā'jiʕ; **Post ~** ~ بوسطة ~ bo'ßta; **Renn~** ~ سباق ~ ßibā'ʔ; **Rundfahrt~** ~ فرجة عالبلد ~ fu'rga ʕal-ba'lad

Mit dem Auto fahren يروح بلاوتوموبيل jirū'ħ bil-otomobī'l

Ein Auto steuern, Auto fahren يسوق اوتوموبيل jißū'ʔ otomobī'l

abdrosseln: den Motor ~ يكتم نفس الموتور ji'ktim na'faß el-moto'r

abschleppen يجر jigu'rr

Akkumulator بطارية bat-tri'j-ja; **einen ~ laden** ~ يملا ال ji'mla el~

Anlasser مارش marsch

Auspuff: ~rohr عادم ʕā'dim

ausweichen يحود jiħa'ω-ωid

Benzin بنزين bansī'n; **~behälter, ~tank** ~ خزان chas-sā'n ~

Bremse فرملة farma'la; **Hand~** ~ ايد ~ īd; **Bremspedal** ~ رجل ~ rigl

bremsen يفرمل jifa'rmil

Chassis شاسى schaß-ßī'

Ersatzteil قطعة غيار ʔi'tʕit γijā'r

Federung سسبنسوار ßußpenßuā'r

Führerschein رخصة سواقة ru'chßit ßiωā'ʔa

Gang فتيس witē'ß; **Rückwärts~** مارش اريير marsch arjē'r

Garage جراج garā'sch

Gashebel اكسلاتور akßelatē'r

Geschwindigkeit سرعة ßu'rʕa; **~smesser** ~ عداد ʕad-dā'd eßß~

Gestell شاسى schaß-ßī'

Getriebe بواتدى فتيس buat de witē'ß

Haube غطا الموتور γa'ta el-moto'r

Hebel كريك korē'k

Hupe نفير nefī'r

Isolierung عزل ʕasl

Karosserie كاروسرى karoßri'

Kotflügel مانع الوحل māʼniˤ el-ωaħl
Kühler راديا تور radjatoʼr
Kupplung تعشيق taˤschīʼˀ
Kurbel مانيفلا maniweʼl-la
Magnet مغنطيس maγnatiß

Motor موتور motoʼr; **~haube** غطا ال ~ γaʼta el~; **~schaden** تلف ال ~ taʼlaf el~; **Sechszylinder** ستة سلندر ßiʼt-ta ßiliʼnder
45 PS قوة خمسة واربعين حصان ˀuʼω-ωit chaʼmßa ωa arbaˤīʼn ħußāʼn
Nummerschild لوحة النمرة lōʼħit en-niʼmra
Öl زيت sēt; **büchse~** خزان ال chas-sāʼnes~; **~er** مزيتة mesjaʼta
Panne عطل ˤotl
parken يركن jiʼrkin
Parkplatz محل وقوف maħaʼll ωuˀūʼf
Reifen اطار العجل atāʼr el-ˤaʼgal
Reparatur تصليح taßlīʼħ
Rückspiegel مراية mirāʼja
schalten يعشق jiˤaʼsch-schaˀ
Schalthebel مقبض التعشيق miʼˀbađ, et-taˤschīʼˀ
Scheibenwischer مساحة الازاز maß-ßāʼħit el-isāʼs
Scheinwerfer نور عاكس nūr ˤāʼkiß

Schlauch خرطوم chartūʼm
Schlußlicht نور خلفى nūr chaʼlfi
Schmieröl زيت مكنة sēt maʼkana
Schraube قلاووظ ˤalaωōʼs
Steuer فولان wolāʼn
steuern يسوق jißūˀ
tanken ياخد بنزين jāʼchud bansīʼn
Tankstelle محطة بنزين maħaʼt-tiṭ bansīʼn
Treibstoff بنزين bansīʼn
Überholung: vollständige ~ تجديد الموتور tag-dīʼd el-motoʼr
Ventil صمام ßimāʼm
Ventilator مروحة marωaʼħa
Vergaser كاربوراتور karboratoʼr

Wagenheber كريك korē'k

Werkzeug عدة ʕi'd-da; **~kasten** صندوق ال ~ ßandū'ʔ el~; **Bohrer** بريمة bar-rī'ma; **Feile** مبرد ma'brad; **Hammer** قدوم ʔadū'm; **Nagel** مسمار mußmā'r; **Schraubenzieher** مفك mi-fa'kk; **Stemmeisen** ازميل asmī'l; **Zange** كماشة kam-mā'scha

Windschutzscheibe ازاز السيارة القدمانى isā's eß-ßajā'ra el-ʔud-damā'ni

Winker دراع الاشارة dirā'ʕ el-ischā'ra

Zündkerze شمعة scha'mʕa

Zündung اشتعال ischtiʕā'l

Zylinder سلندر ßili'nder

Chauffeur سواق ßaω-ωā'ʔ

Einbahnstraße طريق باتجاه واحد ŧarī'ʔ bit-tigā'h ωā'ħid

einsteigen يركب ji'rkab

fahren langsam, (schnell) يسوق على مهله (بسرعة) jißū' ʕala ma'hlu (bißu'rʕa); **weiter~** ~ على طول ~ ʕala ŧūl; **~ Sie nach ...?** ...؟ رايح على rā'-jiħ ʕa'la ...?; **~ Sie weiter (geradeaus, rechts, links)!** روح طوالى (عاليمين عالشمال) rūħ ŧaω-ωā'li (ʕal-jemī'n, ʕasch-schimā'l); **~ Sie mich nach** ... ودينى ωad-dīni ...

fährt alle 5 Minuten يقوم كل خمس دقايق jiʔū'm kull cha'maß daʔā'jiʔ

Sind Sie frei? فاضى؟ fa'đi? **ja, wohin soll ich Sie fahren?** ايوه رايح على فين؟ a'jωa rā'jiħ ʕale fēn?

fahr|bar صالح للمرور ßā'liħ lil-murū'r; **~gast** راكب rā'kib; **~geld** اجرة u'gra; **bitte das Fahrgeld** الاجرة من فضلك el~ min fa'đlak; **~straße** سكة مرور ßi'k-kit murū'r; **~vorschrift** لايحة المرور la'jħit el-murū'r

Fahrrad بسكليتة bißikle't-ta

Bremse فرملة farma'la; **Rücktritt~** ~ المارش ارير ~it el-marsch arjē'r

Griff ايد īd

Kette سلسلة ßilßi'la
Klingel جرس ga'raß
Lenkstange ايد īd
Pedal دواسة daω-ωā'ßa
Pumpe طرمبة turu'mba; **aufpumpen** ينفخ العجل ji'nfuch el-ˁa'gal
die Luft entweicht ينفس jina'f-fiß
radfahren, radeln يركب البسكليتة ji'rkab el-bißikle't-ta
Radfahrer راكب البسكليتة rā'kib el-bißikle't-ta
Radrennen سباق البسكليتات ßibā'ˀ el-bißiklit-tā't
Rahmen اطار atā'r
Reifen كاوتش kaωi'tsch
Rennrad بسكليتة السباق bißikle't-tit eß-ßibā'ˀ
Rückstrahler نور عاكس nūr ˁā'kiß
Sattel كرسى ku'rßi
Schlauch كاوتش جوانى kaωi'tsch guω-ωā'ni
Ventil صمام ßimā'm
Feder سوستة ßu'ßta; **~ung** مرونة murū'na

Flugzeug طيارة taj-jā'ra; **~besatzung** رجال ال ~ rigā'l et~; **~führer** طيار taj-jā'r; **Passagier~** ركاب ~ ~ rit ruk-kā'b
Flug طيران tajarā'n; **~hafen** مطار matā'r; **~linie** خط جوى chatt ga'ω-ωi; **~platz** مطار matā'r; **~wesen** ملاحة جوية milā'ħa gaω-ωi'j-ja; **Rund~** لفة بالطيارة la'f-fa bit-'tajāra
aufsteigen يقوم jiˀū'm
landen يرسى ji'rßi; **Notlandung** نزول جبرى nusū'l ga'bri
Luftfahrtgesellschaft شركة ملاحة جوية schi'rkit milā'ħa gaω-ωi'j-ja
Fallschirm باراشوت paraschū't
Stewardeß مضيفة muđī'fa
wassern يرسى عالميه ti'rßi ˁal-ma'j-ja
Fuhrmann عربجى ˁarba'gi
Fuhrwerk عربية ˁarabi'j-ja
Fußgänger ماشى على رجليه mā'schi ˁala riglē'h
Gefahr خطر cha'tar

Gondel جندولة gondō'la

halten (an~) يوقف jū'ʔaf; **Haltestelle** محطة maħa'ŧ-ŧa; **Bedarfs~** اختيارية ~ ~ ichtijari'j-ja

klingeln يضرب الجرس ji'đrab el-ga'raß

Kutsche عربية حنطور ʕarabi'j-je ħanŧū'r

Kutscher عربجي حنطور ʕarba'gi ħanŧū'r

mieten يأجر jiʔa'g-gar; **für einen Tag (eine Stunde)** يوم (ساعة) jōm, (ßā'ʕa)

Motorrad موتوسكل motoßi'kl; **Beiwagen** سايد كار ßa'jid kār

nachsehen يفحص ji'fħaß

Omnibus امنبيس omnibī'ß

Platz محل maħa'll; **Steh~** وقوف ~ ~ ωuʔū'f

(Alles) besetzt! كامل العدد kā'milel-ʕa'dad

Rücken Sie bitte etwas nach rechts! من فضلك روح شوية عاليمين min fa'đlak rūħ schuωa'j-je ʕal-jemī'n!

Setzen Sie sich اقعد o'ʔʕud

Sitzen Sie bequem? انت مرتاح فى قعدتك؟ inta mirtā'ħ fi ʔaʕdi'tak?

Preis ثمن ta'man; **Fahr~** اجرة u'gra

Wieviel kostet es bis ...? كام الاجرة لحد ...؟ kām el-u'gra liħadd ...?

Was bekommen Sie? عاوز كام؟ ʕā'ωis kām?

Rad (Vorder~, Hinter~) عجلة قدمانية (ورانية) ʕa'gala ʔud-damani'j-ja (ωar-rani'j-ja)

reinigen ينضف jina'đ-đaf

Reparatur تصليح taßlī'ħ; **in ~ geben** يودى لل ~ jiωa'd-di li~; **reparieren lassen** يصلح jißa'l-laħ; **~werkstatt** محل ~ maħa'll ~

Richtung اتجاه it-tigā'h; **in derselben ~ weiterfahren, weitergehen** فى نفس ال ~ يستمر فى السير fi nafß el~ jißtami'rr fiß-ßē'r

Sitz محل جلوس maħa'll gulū'ß

Straße شارع schāriʕ

Straßenbahn ترامواى tramωā'j; **~linie** خط ~ chaŧŧ ~; **~schaffner** كمسارى ~ ßumsā'ri ~; **~wagen** عربية ~ ʕarabi'j-jit ~

Plattform سلم ßi'l-lim; **hintere (vordere)** ~ ~ قدماني (وراني) ~ ud-damā'ni, ωar-rā'ni

Welche Straßenbahn muß ich nehmen? لازم آخذ انهو ~؟ lā'sim ā'chud anhu ~?

Sagen Sie mir bitte, wo ich aussteigen muß من فضلك قل لى لازم انزل فين min fa'đlak ʔu'l-li lā'sim a'nsil fēn

Wann fährt die letzte ~? امتى يقوم آخر ~؟ imta jiʔū'm ā'chir ~?

man steigt vorne (hinten) aus النزول من قدام (من ورا) en-nisū'l min ʕud-dām (min ωa'ra)

Strecke خط chatt

Strom (elektrischer) تيار (كهربا) taj-jā'r (kahra'-ba)

Tarif تعريفة taʕrī'fa

Taxi تاكسى ta'kßi; **~ruf** نمرة تلفون محطة ni'mrit telefō'n maħa'ṭit ~

überfahren يدوس jidū'ß

Umleitung تحويد taħωī'd

umsteigen يغير القطر jiɣa'j-jar el-ʔaṭr

Umsteigefahrschein تذكرة مع تغيير القطر taska'ra maʕa taɣjī'r el-ʔaṭr

Unfall حادثة ħa'dßa

Verbindung مواصلة muωa'ßla

Verkehr مرور murū'r; **~sampel** ~ انوار anωā'r ~; **~sinsel** ~ رصيف raßī'f ~; **~smittel** ~ مركبة marka'ba ~; **~sordnung** ~ لايحة ال la'jħit el ~; **~spolizist** ~ بوليس bulī'ß ~; **~sstockung** ~ وقوف ال ωuʔū'f el~; **~sstörung** ~ تعطيل ال taʕṭī'l el~; **~sstrafe** ~ مخالفة mucha'lfit ~; **Durchgangs~** مرور طوالى murū'r ṭaω-ωā'li; **für den Durchgangs~ gesperrt** المرور معطل el-murūr muʕaṭ-ṭal; **Fremden~** سياحة اجانب ßij-jā'ħit agā'nib

Vorsicht! حاسب او اوع ħā'ßib! *od.* u'ʕa

Wagen عربية arabi'j-je; **Anhänge~** ~ اضافية ~ iđafi'j-je; **Kinder~** ~ اطفال ~ aṭfā'l; **Kranken~** ~ مرضى ~ it ma'rđa; **Lastkraft~** لورى lō'ri; **Renn~** ~ سباق ~ ßibāʔ

Wetter الطقس eŧ-ŧaˀß

Barometer بارومتر barome'tr; **das ~ fällt (steigt)** ال ~ نازل (طالع) el~ nā'sil, (ŧā'liˁ); **das ~ steht hoch (tief, auf veränderlich)** ال ~ عالى (واطى، متغير) el~ ˁā'li (ωā'ŧi, mutaγa'j-jir)

Blitz برق barˀ; **vom ~ getroffen** ~ اصابه ال aßa'bu el~; **der ~ hat in . . . eingeschlagen** ال ~ نزل فى . . . el~ ni'sil fi . . .; **~ableiter** مانعة صواعق mā'nˁit ßaωā'ˁiˀ

es blitzt الدنيا بتبرق ed-du'nja biti'bruˀ

Donner رعد raˁd; **~schlag** ~ ضربة ɗa'rbit ~

es donnert الدنيا بترعد ed-du'nja biti'rˁud

Eis تلج talg

frieren: es friert mich, ich friere انا سقعان ana ßaˀˁā'n; **es friert (hat gefroren)** الدنيا سقعة ed-du'nja ßa'ˀˁa

Der Fluß (See) ist zugefroren النهر (البحر) اتجمد en-na'hr (el-baħr) itga'm-mid

Frost البرد el-bard

Gewitter زوبعة sauba'ˁa

Hagel برد ba'rad; **~korn** ~ حبة ħa'b-bit ~

es hagelt الدنيا تبرد ed-du'nja ti'brud

heiß حر ħarr; **es ist ~** ~ الدنيا ed-du'nja ~; **mir ist ~** انا حران ana ħar-rā'n; **ich schwitze** انا عرقان ana ˁarˀā'n

Himmel سما ßa'ma; **der ~ ist bedeckt (klar)** ال ~ مغيمة (رايقة) eß~ miγaj-ji'me (ra'jˀa); **die ~sgegenden** الجهات الاربعة el-gihā't el-arba'ˁa

Hitze حرارة ħarā'ra; **starke (drückende)** ~ شديدة (خانقة) ~ schidī'de (cha'nˀa)

kalt برد bard; **es ist ~** ~ الدنيا ed-du'nja ~; **mir ist ~** انا بردان ana bardā'n

Kälte برودة burū'da

Klima طقس ŧaˀß; **mildes ~** ~ لطيف ~ laŧīf; **rauhes ~** ~ وحش ~ωi'ħisch

Luft هوا ha'ωa; **frische (stickige) ~** منعش (خانق) ~ ~ mu'nˁisch (ehā'niˀ)

Frische Luft schöpfen يشم ال ~ المنعش jischi'm el~ el-mu'nˁisch

Es weht kein Lüftchen مافيش ولاريحة نسمة mafī'sch ωala rī'ħit ni'ßma

Luftzug تيار هوا taj-jā'r ha'ωa

Mond قمر ˀa'mar; **der ~ scheint, wir haben ~schein** ال ~ طالع el ~ tā'liˁ; **~finsternis** كسوف ال ~ kußū'f el~; **~wechsel** تغير ال ~ ~ taγa'j-jur el~

Halbmond هلال hilā'l

Neumond قمر جديد ˀa'mar gedī'd

Vollmond بدر badr

Morgengrauen دغشيشة الصبح doγschē'schit eß-ßu'bħ; **Morgenröte** فجر fagr

Nebel ضباب đabā'b

Regen مطر ma'tar; **es wird (ein paar Tropfen) ~ geben** رايحة تمطر حبتين ra'jħa tima't-tar hab-bitēn; **~bogen** قوس قزح ˀōß ˀa'saħ; **Land~** ~ دايم ~ dā'jim; **Platz~** قصير ~ ~ ˀußa'j-jar; **Regen-guß** شديد ~ ~ schidī'd

Es regnet الدنيا بتمطر ed-du'nja bitma't-tar

Reif ندا جليد na'da gelī'd

Schnee ثلج talg; **es wird ~ geben** راح ينزل ال ~ rāħ ji'nsil et~

Es schneit الثلج نازل et-talg nā'sil

schwül تقيل tiˀī'l

Sonne شمس schamß; **die ~ scheint, wir haben ~schein** ال ~ طالعة esch-ta'lˁa; **die ~ brennt** ال ~ بتحرق esch~ biti'ħraˀ; **~naufgang** شروق ال schurū'ˀ esch~; **~nuntergang** غروب ال γurū'b esch~

Stern نجمة ni'gma

Sturm عاصفة ˁa'ßfa

Tau ندا na'da; **es fällt ~, es taut** ال ~ نازل en~ nā'sil

Temperatur درجة حرارة da'ragit harā'ra; **hohe (mittlere, niedere) ~** ~ عالية (متوسطة، واطية) ~ ʕā'lja, (mutawaß-ßi'ṭa, wa'ṭja)

Thermometer ترمومتر termome'tr; **das ~ steht auf 5 Grad über (unter) Null** درجة ال ~خمسة فوق (تحت) الصفر da'ragit et~ cha'mßa fōʔ (ta'ḥt) eß-ßifr

Wetter طقس ṭaʔß; **wie ist das ~? was für ~haben wir?** ازى ال ~؟ es-sajj et~?); **das ~ wird schön** ~ حايتحسن et~ ḥajitḥa'ß-ßin; **das ~ wird sich ändern** ~ حايتغير et ~ ḥajitγa'j-jar; **wird sich das ~ halten?** ال ~ حايستمر كده؟ et~ ḥajißtami'rr kidde? **wir werden ein Un~ bekommen** الزوبعة جاية es-sauba'ʕa ga'j-je; **~aussichten** تنبؤ بال ~ tanab-bu'ʔ bit~; **~voraussage** اذاعة احوال ال ~ isā'ʕit aḥwā'l et~; **Frost~** ~ ~ بارد bā'rid

es ist glatt الدنيا زلق ed-du'nja sa'laʔ

es ist klares (kühles, nasses, nebliges, prächtiges, schönes, schlechtes, schwüles, stürmisches, trockenes, veränderliches, warmes) Wetter الجو رايق (طراوة بلل، ضباب عال، جميل، وحش، تقيل، عاصف، جفاف، متغير حر) el-gau' rā'jiʔ (ṭarā'wa, ba'lal, ḍabā'b, ʕāl, gamī'l, wi'ḥisch, tiʔī'l, ʕā'ßif, gafā'f, mitγa'j-jar, ḥarr)

es ist windig الدنيا هوا ed-du'nja ha'wa

es gibt ein Gewitter فيه زوبعة fīh sauba'ʕa

es wird regnen (schneien) المطر (الثلج) حاينزل el-ma'ṭar (et-talg) ḥaji'nsil)

es tröpfelt schon الدنيا بتنقط ed-du'nja bit-na'ʔʔaṭ

es ist regnerisch الدنيا مطر ed-du'nja ma'ṭar

es regnet (in Strömen, es gießt) الدنيا تمطر (بتخر) ed-du'nja tu'mṭur) (bitchu'rr)

ich bin ganz naß انا اتبليت خالص ana itbal-lē't chā'liß

es hat aufgehört zu regnen (zu schneien) المطر (الثلج) بطل el-ma'ŧar (et-talg) ba'ŧ-ŧal

es klärt sich auf الدنيا صحصحت ed-du'nja ßaħ-ßa'ħit

es wird schön werden الطقس حا يبقى جميل et-ŧa'ʔß ħaji'bʔa gamī'l

Wind ريح rīħ; leichter ~ خفيف ~ ~chafī'f; stürmischer ~ عاصف ~ ~ ʕā'ßif; was haben wir für ~ ؟ ال ~ ازيه ؟ er~ es-sa'j-ju ?; Nord~ شمالى ~ ~ schimā'li; Ost~ شرقى ~ ~ scha'rʔi; Süd~ قبلى ~ ~ʔi'bli; West~ غربى ~ ~ γa'rbi

Der ~ hat sich gelegt الريح هدى er-rīħ hi'di

Witterung طقس ŧaʔß

Bei günstiger ~ فى ~ كويس fi~ kuωa'j-jiß

Wolke سحاب ßaħā'b; bewölkt مغيم miγa'j-jim

die Wolken ziehen sich zusammen السحاب اتجمع eß-ßaħā'b itga'm-maʕ

Zeitbestimmungen

تحديد الزمن taħdī'd es-sa'man

Alter عمر ʕumr; im ~ von فى عمر fi ʕumr; er ist in meinem ~ هو من عمرى hu'ωa min ʕu'mri

Wie alt ist er (sind Sie)? عمره (عمرك) كام ʕu'mru (ʕu'mrak) kām ?

Ich bin beinahe (gerade, über) 20 Jahre alt عمرى تقريبا (تمام، فوق) ٢٠ ʕu'mri taʔrī'ban (ta-mā'm, fōʔ) ʕischrī'n

Wie alt schätzen Sie ihn? تديله عمر كام؟ tid-dī'lu ʕu'mr kām ?

Er ist doppelt so alt wie ich عمره قد عمرى مرتين u'mru ʔadd ʕu'mri mar-ritē'n

Man sieht ihm sein Alter nicht an مش باين عليه misch bā'jin ʕalēh

Er sieht jünger aus باين انه اصغرمن كده bā'jin in-nu a'ßγar min kidde

Sie sind drei Jahre älter (jünger) als ich عمرك اكبر (اصغر) من عمري ثلاث سنين ʕu'mrak a'kbar (a'ßɣar) min ʕu'mri ta'lat ßinī'n
bald قريب ʔura'jib
beizeiten بدري ba'dri
bis لحد liħadd
Feiertag عيد īd; **vergnügte Feiertage!** اعياد سعيدة aʕjā'd ßaʕī'da
Dreikönigstag ليلة القداس lē'lit el-ʔidā'ß
Fastnacht(sdienstag) ثلاث المرفع talā't el-ma'rfaʕ
Aschermittwoch اربع الرماد a'rbaʕ er-ramā'd
Palmsonntag حد الزعف ħadd es-sa'ʕaf
Gründonnerstag خميس الرسل ehamī'ß er-ru'ßul
Karfreitag يوم الجمعة الحزين jōm el-gu'mʕa el-ħasī'n
Karwoche الجمعة الحزينة el-gu'mʕa el-ħasī'na
Ostern عيد الفصح او شم النسيم ʕīd el-fißħ *od.* schamm en-neßī'm
Himmelfahrt(stag) عيد الصعود ʕīd eß-ßuʕū'd
Pfingsten عيد العنصرة ~ el-ʕanßa'ra
Fronleichnam عيد الجسد ʕīd el-ga'ßad
Allerheiligen عيد الاوليا ʕīd el-auli'ja
Allerseelen عيد الاموات ʕīđ el-amωā't
Weihnachten عيد ميلاد المسيح ʕīd milā'd el-meßī'ħ; **Weihnachtsabend** ليلة ~ lē'lit ~; **Weihnachtsfestessen** وليمة ~ ωalī'mit ~
Fröhliche Weihnachten! عيد ميلاد مبارك ʕīd milā'd mubā'rak
Silvester(abend) ليلة راس السنة lē'lit rāß eß-ßa'na
Neujahr(stag) يوم راس السنة jōm rāß eß-ßa'na
Prosit Neujahr! كلسنة وانت طيب kull ßa'na ωinta ŧa'j-jib
Danke, gleichfalls! اشكرك وانتطيب aschko'rak, ωinta ŧa'j-jib
früh بدري ba'dri; **um fünf Uhr** الساعة خمسة ~ ~ eß-ßa'ʕa eha'mßa ~; **gestern** امبارح ~ ~ im-

bā'riħ ~; **heute~** ~ النهارده en-niha'rda ~; **morgen ~** ~ بكرة bo'kra ~; **in aller ~e** قوى ~ ~ ʔa'ωi

Geburtstag يوم الميلاد jōm el-milā'd; **wann ist Ihr ~?** امتى يوم ملادك imta jōm milā'dak; **~ ist am 10. Juni** اتولدت فى عشرة يونيه itωala'tt fi ʕa'schara ju'nje; **ich gratuliere** اهنيك uhan-nī'k

gegenwärtig حاضر ħā'đir

gestern امبارح imbā'riħ; **~ abend** المغرب ~ ~ el-ma'γrib; **~ morgen** الصبح ~ ~ eß-ßubħ; **~ nachmittag** بعد الظهر ~ ~ baʕd eđ-đuhr

heute النهارده en-niha'rda; **~ abend** المغرب ~ ~ el-ma'γrib; **~ morgen** الصبح ~ ~ eß-ßubħ; **~ nachmittag** بعد الظهر ~ ~ baʕd eđ-đuhr; **~ nacht** بالليل ~ ~ bil-lēl; **~ (morgen) über 8 (14) Tage** مثل النهارده بعد ثمانية (اربعةعشر) ايام mißl en-niha'rda baʕd tama'njit (arbaʕ-tā'schar) aj-jā'm

immer دايما da'jman; **noch ~** لسه li'ß-ßa; **wie ~** زى المعتاد sajj el-muʕtā'd

in فى fi; **im Jahre ... ...** سنة ~ ~ ßa'nat ...

inzwischen فى بحر او اثناء fi baħr od. aßnā'ʔ

Jahr سنة ßa'na; **nächstes (voriges) ~** جاية (ماضية) ~ ~ ga'j-je (ma'đje); **ein halbes ~** نص ~ ~ nußß ~; **dreiviertel ~** ~ ثلاثة ارباع ta'lat-tirbaʕ ~; **andert-halb ~** ونص ~ ~ ωinußß; **in einem ~** بعد ~ ~ baʕd ~; **seit einem ~** من ~ ~ min ~; **vor einem ~** قبل ~ ~ ʕabl ~; **zwei ~e lang** سنتين بطولهم ßanatē'n bitu'lhum; **~hundert** قرن ʔarn; **~zehnt** عشر سنين ʕa'schar ßinī'n; **Halb~** نص ~ nußß ~; **Schalt~** كبيسة ~ ~ kabī'ßa; **Viertel~** ربع ~ rubʕ ~

Jahreszeit فصل السنة faßl eß-ßa'na

Frühling ربيع rabī'ʕ

Sommer صيف ßēf

Herbst خريف eharī'f
Winter شتا schi'ta
jährlich سنوى (سنويا) ßa'naωi, ßanaωi'j-jan
jetzt دى الوقت dilωa'ʔt; **bis ~** لحد liħadd; **von ~ ab** من دى الوقت وطالع min-dilωa'ʔt ωitā'liʕ
Kalender نتيجة natī'ga; **Abreiß~** ~ حيط ~ ħēt; **Taschen~** ~ جيب ~ gēb
künftig مستقبل mußta'ʔbal
kurz قصير ʔußa'j-jar; **in ~em** بعد شوية baʕd schuωa'j-ja; **vor ~em, kürzlich** من شوية min schuωa'j-ja
lang طويل tawī'l; **wie ~e?** قدايه ʔaddi ē'; **noch ~e nicht** مش من زمان misch min samā'n; **drei Tage ~** مدة ثلاثة ايام mu'd-dit talat-tij-jā'm
Mal مرة ma'r-ra; **dieses ~** ~ دى ~ ال el ~ di; **ein paar ~** مرات mar-rā't ; **manch~** سعات ßaʕā't
meist(ens) فى الغالب filγā'lib
Monat شهر schahr; **der ~ Mai** ~ مايو ~ mā'ju; **~lich** شهرى scha'hri

Januar يناير janā'jir; **Februar** فبراير fabrā'jir; **März** مارس mā'riß; **April** ابريل abrī'l; **Mai** مايو mā'ju; **Juni** يونية ju'nja; **Juli** يوليه ju'lja; **August** اغسطس aγu'ßtuß; **September** سبتمبر ßebte'mber; **Oktober** اكتوبر oktō'ber; **November** نوفمبر nufe'mber; **Dezember** ديسمبر diße'mber
Der 1. Februar اول فبراير a'ω-ωil febrā'jir
Am 14. März فى اربعةعشر مارس fi arbaʕ-tā'schar mā'riß
Den wievielten haben wir heute? [النهارده كام فى الشهر؟] en-neha'rda kām fisch-scha'hr?
Es ist der 2., 3. . . ., النهارده التانى التالت en-neha'rda et-tā'ni, et-tā'lit . . .
Ich werde am 4. Juli abreisen [راح اسافر فى اربعة يوليه] rāħ aßā'fir fi arba'ʕa ju'lje
morgen بكرة bo'kra
nach بعد baʕd; **~her** بعدين baʕdē'n; **kurz ~her** ~ شوية ~ schuωā'j-je

nächstens بعد شوية baʕd schuωā'j-ja
Namenstag عيد الاسم ʕīd el-ißm
neulich من قريب min ʔura'j-jib
noch لسة li'ß-ßa
oft كتير ketī'r
schon من قبله minʔa'bla
selten نادر nā'dir
soeben لسه‌دى الوقت li'ß-ßa dilωa'ʔt
sofort, sogleich حالا ħā'lan
spät متأخر mitʔa'ch-char; **später** بعدين baʕdē'n
Tag يوم jōm; **am ~e** فى النهار fin-nihā'r; **dieser ~e** الا يام‌دى el-aj-jā'm *di*; **den ganzen ~** طول ال ~ ~ ṭūl el~; **einmal am ~** مـرة فى ال ~ ~ ma'r-ra fil~; **in acht (vierzehn) ~en** بعد ثمانية ايام ~ (اربعة‌عشر يوم) baʕd ta'mantij-ja'm (arbaʕ-tā'scher jōm); **vor acht (vierzehn) ~en** من ثمانية ايام (اربعة‌عشر يوم) min tamantij-jā'm, (arbaʕtā'scher jōm); **eines ~es** يوم‌من الايام jōm mil aj-jā'm; **im Laufe des ~es** فى بحر النهار fi baħr en-nihā'r; **~ für ~** يوم بيوم jōm bijōm; **von ~ zu ~** من ~ ل ~ min ~ li ~; **~elang** ايام بطولهم aj-jā'm biṭu'lhum, **drei ~e lang** ثلاثة ايام بطولهم talat-tij-jā'm biṭu'l-hum; **zu jeder ~eszeit** فى اى وقت fi ajj ωaʔt; **~täglich** يومى jō'mi

Abend مسا mi'ßa; **~s** فى المسا filmi'ßa
Minute دقيقة diʔī'ʔa; **auf die ~** فى المعاد fil miʕā'd
Mittag ظهر đuhr; **~s** فى ال ~ fid~
Mitternacht نص الليل nußß el-lēl; **~s** ~ فى ال ~
Morgen صبح eß-ßubħ, **~s** فى ال ~ fiß~; **im Laufe des ~s** فى بحر ال ~ fi baħr eß~
Nachmittag بعد الظهر baʕd eđ-đuʕhr; **~s** بعد الظهر baʕd eđ-đuhr
Nacht ليل lēl; **~s** فى ال fil~
Sekunde ثانية ßa'nja
Stunde ساعة ßā'ʕa; **eine halbe ~** نص ~ nußß~; **Viertel~** ربع ~ rubʕ ~

Wieviel Uhr ist es, bitte? من فضلك الساعة كام؟ min fa'đlak eß-ßā'ˁa kām?

Es ist 1 Uhr الساعة واحدة eß-ßā'ˁa ωaħda

Es ist (ungefähr) 2, 3 (Uhr) [الساعة (تقريبا) اتنين، ثلاثة] eß-ßā'ˁa ta'rī'ban itnē'n talā'ta

Es ist gerade 3 (Uhr) الساعة ثلاثة تمام eß-ßā'ˁa talā'ta tamā'm

Es ist 5 Minuten nach 6 (Uhr) [الساعة ستة و خمسة دقايق] eß-ßā'ˁa ßi't-ta ωi cha'mßa daʔā'jiʔ

Es ist ein Viertel nach 8 (Uhr) [الساعة ثمانية وربع] eß-ßā'ˁa tamā'nja ωirubˁ

Es ist 10 Minuten vor 9 (Uhr) [الساعة تسعة الا عشرة] eß-ßā'ˁa ti'ßˁa il-la ˁa'schara

Nach meiner Uhr ist es genau halb 4 [حسب ساعتي الساعة ثلاثة ونص تمام] ħa'ßab ßa'ˁti eß-ßā'ˁa ta-la'ta ωinußß tamā'm

Es geht auf Mittag (Mitternacht) [الساعة قربت عالظهر (على نص الليل)] eß-ßā'ˁa ʔar-ra'bit ˁađ-đuhr; ˁala nußß el-lēl

Es fehlen noch 5 Minuten auf 4 (Uhr) فاضل خمس دقايق عالساعة اربعة fā'đil cha'maß daʔā'jiʔ ˁaß-ßā'ˁa arba'ˁa

Um 4 Uhr في الساعة اربعة fiß-ßā'ˁa arba'ˁa

kurz nach (vor) 9 (Uhr) بعد (قبل) تسعة بشوية baˁd (ʔabl) ti'ßˁ bischωa'j-je

zwischen 5 und 6 Uhr بين الساعة خمسة وستة bēn eß-ßā'ˁa cha'mßa ωißi't-ta

gegen 5 Uhr تقريبا الساعة خمسة taʔrī'ban eß-ßā'ˁa cha'mßa

übermorgen بعد بكرة baˁd bo'kra

verflossen, vergangen, vorig ماضي mā'đi; **im ~en Monat** في الشهر ال~ fisch-scha'hr el~

vor: ~ einer Stunde قبل ساعة ʔabl ßā'ˁa; **am ~abend des Festes** في ليلة العيد fi lēltilˁī'd; **~gestern** اول امبارحة a'ω-ωil imbā'riħ; **~her** من سابق min ßā'biʔ; **~läufig** وقتي ωa'ʔti

wann متى i'mta; **seit ~?** من ~؟ min ~

Woche جمعة او اسبوع gu'mˁa od. ißbū'ˁ; **~nende** آخر ال ~ ā'ehir el~; **~ntag** يوم من ايام ال ~ jōm min aj-jā'm el~

Montag الاثنين el-itnē'n; **Dienstag** الثلاث et-talā't; **Mittwoch** الاربع el-a'rbaˁ; **Donnerstag** الخميس el-ehamī'ß; **Freitag** الجمعة el-gu'mˁa; **Sonnabend** السبت eß-ßabt; **Sonntag** الحد el-ħadd

wöchentlich اسبوعى ißbū'ˁi

Zeit زمن او وقت sa'man od. ωa'ˀt; **~abschnitt** عهد ˁahd; **~alter** عصر ˁaßr; **~rechnung** حساب ال ~ ħißā'b el~; **einige ~ nachher (vorher)** زمن بعد (قبل) ~ sa'man baˁd (ˁabl) ~; **mit der ~** مع ال ~ maˁa el~; **um welche ~?** فى اى ~؟ fi ajj ~; **zu jeder ~** فى كل ~ fi kull ~; **zur rechten ~** فى الزمن المناسب fis-sa'man el-munā'ßib; **mitteleuropäische ~** وسط اوروبا ~ ~ωa'ßat oro'b-ba; **ich habe keine ~** ما عنديش ~ ma ˁan-dī'sch ~

zeitig بدرى ba'dri; **recht~** فى اوانه fi aωā'nu

Zukunft مستقبل mußta'ˀbal; **in ~** فى ال ~ fil ~

Einiges aus der arabischen Grammatik

1. Der Artikel (Geschlechtswort)

a) Der bestimmte Artikel ال (el, il) ist unveränderlich und lautet in allen Fällen in Einzahl und Mehrzahl gleich. Das l des Artikels assimiliert sich folgenden Konsonanten: t, d, r, s, ß, sch, ß̄, d̄, t̄, s̄, n und häufig auch folgendem g, z. B. الدار (ed-dār) das Haus, الشمس (esch-schamß) die Sonne (statt el-dār, el-schamß); ferner الجبل (eg-ge'bel) der Berg (statt el-ge'bel).

b) Der unbestimmte Artikel wird nicht ausgedrückt, z. B. رجل (rā'gil) ein Mann, بنت (bint) ein Mädchen, das Zahlwort „ein" lautet *mask.* واحد (ωā'ĥid) *fem.* واحدة (ωa'ĥde), z. B. رجل واحد (rā'gil ωā'ĥid) ein Mann (nicht zwei), بنت واحدة (bint ωa'ĥde) ein Mädchen.

2. Das Substantiv (Hauptwort)

Im Arabischen gibt es nur zwei Geschlechter: Maskulinum (*mask.*) und Femininum (*fem.*). Die männlichen Hauptwörter haben kein besonderes Merkmal an sich. Die weiblichen Hauptwörter haben die Endung a, e *im Hocharabischen* ة (at). Ferner sind Feminina:

1. weibliche Wesen, z. B. بنت (bint) Mädchen, ام (um) Mutter.
2. Länder- und Städtenamen, z. B. مصر (maßr) Ägypten, الشام (esch-schām) Syrien.
3. Die Ausdrücke für doppelt vorhandene Körperteile, z. B. عين (ʿēn) Auge, يد īd Hand, رجل (rigl) Fuß.
4. Alle gebrochenen Plurale (*s. unten*).
5. Eine Anzahl von Wörtern, z. B. روح (rūĥ) Geist, راس (rāß) Kopf, بطن (batn) Bauch.

Im Arabischen gibt es außer dem Singular und dem Plural noch den Dual. Der Dual (Zweizahl) hat die Endung ين (ēn), wobei das t der weiblichen Endung a, e (*s. oben*) wieder gesprochen wird, z. B. رجل (rigl) Fuß, رجلين (riglē'n) zwei Füße, ساعة (ßā'ˁa) Stunde, ساعتين (ßāˁatē'n) zwei Stunden.

Im Plural unterscheidet man:

1. den äußeren oder gesunden,
2. den inneren oder gebrochenen Plural.

Beim äußeren Plural ist die Endung der männlichen Hauptwörter ين īn, die der weiblichen ات (āt), z. B. فلاح (fel-lā'ħ) der Fellache, Bauer, pl. فلاحين (fel-lāħī'n), حداد (ħad-dā'd) Schmied, حدادين (ħad-dādī'n), ساعة (ßā'ˁa) Stunde, pl. ساعات (ßāˁā't). Die Pluralendungen sind immer betont.

Der gebrochene Plural wird durch eine organische Veränderung des Wortes gebildet. Es gibt 31 verschiedene Arten des Plurals, deren Regeln schwierig zu erlernen sind. Es ist daher besser, wenn man sich zu jedem Singular den dazugehörigen Plural merkt. (Ähnlich verhält es sich mit unsern starken Verbalformen, die dem Ausländer auch große Schwierigkeiten machen und nur allmählich erlernt werden können.) Z. B. قلم (ˀa'lam) Feder, pl. اقلام (aˀlā'm), زهرة (sa'hra) Blume, pl. ازهار (ashā'r), بحر (baħr) Meer, pl. بحار (biħā'r), امير (emī'r) Fürst, pl. امراء (u'mara), امر (amr) Befehl, pl. اوامر (aωā'mir).

Deklination. Eine Deklination im Sinne unserer Grammatik gibt es im Ägyptisch-Arabischen nicht.

Das Genitivverhältnis wird durch die Wortstellung ausgedrückt. Das abhängige Hauptwort folgt dem regierenden, wobei das erste Wort den Artikel verliert. Ist das regierende Hauptwort ein Femininum mit der Endung a, e wird das t der weiblichen Endung (*s. oben*) wieder hörbar, z. B. صاحب البيت (ßā'ħib el-bēt) der Herr des Hauses, der Hausherr, زهرة الجنينة (sa'hrit eg-genē'ne) die Blume des Gartens.

Hat auch das zweite Wort keinen Artikel, so drückt es das unbestimmte Verhältnis aus, z. B. باب البيت (bāb el-bēt) die Tür des Hauses, die Haustür, aber باب بيت (bāb bēt) eine Haustür.

Der Dativ wird häufig durch die Präposition ل (li) umschrieben, die mit dem folgenden Artikel zu لل (lil) verschmilzt, z. B. للبيت (lil-bēt).

Der Akkusativ hat kein Kennzeichen und ist nur aus der Stellung im Satz zu erkennen.

Der Vokativ hat gewöhnlich die Partikel يا (jā) bei sich, z. B. ياسيدى (jā ßī'di) mein Herr.

3. Das Adjektiv (Eigenschaftswort)

Mit Ausnahme der Adjektiva, die Farben oder ein körperliches Gebrechen bezeichnen, haben die Adjektiva keine bestimmte Form. Das Femininum wird von den meisten Adjektiven durch die Endung ة (a, e) gebildet, z. B. كبير (kebī'r) groß, *fem.* كبيرة (kebī'ra), كويس (kuωai'jiß) gut, *fem.* كويسة (kuωaiji'ße). Die Adjektiva, die Farben oder ein körperliches Gebrechen bezeichnen, wie احمر (a'ħmar) rot, اخضر (a'chdar) grün, احول (a'ħωal) schielend bilden das Femininum حمراء (ħamrā'), خضراء (chadrā') حولاء, (ħolā').

Wenn man den Namen von Städten, Gegenden oder Völkern ein i anhängt, erhält man das entsprechende Adjektiv z. B. مصر

(maßr) Ägypten, مصرى (ma'ßri) ägyptisch, Ägypter.

Plural: Den gesunden oder regelmäßigen Plural bilden die Adjektiva auf ين (ī'n), der für beide Geschlechter gilt, z. B. كويسين (kuωaijßī'n). Viele Adjektiva haben einen gebrochenen Plural, von dem das oben beim Hauptwort Gesagte gilt, z. B. كبير (kebī'r) groß, pl. كبار (kubā'r), قريب (ʾarī'b) nahe, pl. قرايب (ʾarā'jib). Die Adjektiva, die Farben oder körperliche Gebrechen bezeichnen, bilden einen besonderen Plural, z. B. اصفر (a'ßfar) gelb, pl. صفر (ßufr), احمر (a'ħmar) rot, pl. حمر (ħumr).

Stellung: Das Adjektiv steht immer nach dem Hauptwort. Hat das Hauptwort den Artikel, hat auch das zu ihm gehörige Eigenschaftswort den Artikel, z. B. بيت كبير (bēt kebī'r) ein großes Haus, البيت الكبير (el-bēt el-kebī'r) das große Haus. Das Adjektiv stimmt mit dem Substantiv in Geschlecht und Zahl überein. Hierbei ist jedoch folgendes zu beachten:

1. Im Singular stimmt das Adjektiv mit dem Substantiv immer überein, z. B. رجل طيب (rā'gil ṭai-jib) ein guter Mann, البنت الطيبة (el-bint aṭ-ṭaiji'be) das gute Mädchen.
2. Im Plural hängt die Übereinstimmung des Adjektivs davon ab, ob das Hauptwort einen gesunden oder gebrochenen Plural hat.

Beim gesunden Plural steht auch das Adjektiv immer im Plural, z. B. مسلمين صالحين (mußlimī'n ßāliħī'n) fromme Mohammedaner, حكايات كويسين (ħikājā't kuωaijißī'n) schöne Erzählungen.

Der gebrochene Plural hat, wenn er Personen bezeichnet, das Adjektiv gewöhnlich auch im Plural nach sich, z. B. رجال طوال (rigā'l ṭuωā'l) große Männer. Bezeichnet der Plural etwas anderes als Personen, so steht das Adjektiv gewöhnlich im Singular femininum (selten im Plural), z. B. بيوت كبيرة (bujū't kebī'ra) große Häuser.

Das prädikative Eigenschaftswort stimmt mit dem Hauptwort in Geschlecht und Zahl überein. Gebrochene Plurale, auch wenn sie Personen bezeichnen, können das Adjektiv im Singular femininum nach sich haben, z. B. الرجل طيب (er-rā'gil ṭai'jib) der Mann ist gut, المرأة طيبة (el-ma'rʾa ṭaiji'be) die Frau ist gut, الرجال طيبين (er-rigā'l ṭaijibī'n) oder طيبة (ṭaiji'be) die Männer sind gut.

Die Steigerung der Adjektiva: Der Komparativ mit 2 oder 3 Konsonanten wird nach dem Schema a'kbar gebildet, z. B. كبير (kebī'r) groß, Komp. اكبر (a'kbar), größer, رخيص (raḫī'ß) billig, Komp. ارخص (a'reḫaß) billiger, جميل (gemī'l) schön, Komp. اجمل (a'gmal) schöner. Adjektiva mit mehr als 3 Konsonanten setzen dem Adjektiv اكثر (a'ktar) mehr (Komparativ von ketī'r) nach, das Adjektiv selbst bleibt unverändert z. B. مجتهد (migte'hid) fleißig, Komp. مجتهد اكثر (migte'hid a'ktar) fleißiger.

„Als" nach dem Komparativ heißt من (min), z. B. المرأة اجمل من الرجل (el-ma'rʾa a'gmal min er-rā'gil) die Frau ist schöner als der Mann.

Eine eigene Form für den Superlativ gibt es nicht; der Komparativ mit dem Artikel ersetzt den Superlativ, z. B. هو الأكبر (hu'ω-ωa el-a'kbar) er ist der größte. Auch in Verbindung mit einem folgenden Genetiv hat der Komparativ Superlativbedeutung, z. B. هو اكبر الرجال (hu'ω-ωa a'kbar er'rigā'l) er ist der größte der Männer.

4. Das Verbum (Zeitwort)

a) Das Zeitwort „haben“

Das Zeitwort „haben“ gibt es im Arabischen nicht. Man bedient sich statt dessen mehrerer Präpositionen mit Personalsuffixen: عند (ʕand) *bei*, لـ (li) *für* und مع (maʕ) *mit*. Die Personalsuffixe werden an die Präpositionen angehängt (s. unten), z. B.

عندي (ʕa'ndi) ich habe (eigentlich bei mir ist)
عندك (ʕa'ndak) du hast
عندك (ʕa'ndik) du hast *fem.*
عنده (ʕa'ndu) er hat
عندها (ʕandi'ha) sie hat
عندنا (ʕandi'na) wir haben
عندكم (ʕandu'kum) ihr habt
عندهم (ʕandu'hum) sie haben

Ebenso لي (li'je), لك (lak), لك (lik), له (lu) u. von مع (maʕ) معاي (meʕā'je), معاك (meʕā'k), معاك (meʕā'ki), معاه (meʕā') معاها (meʕā'ha), معانا (meʕā'na) *usf.* Die Präposition عند (ʕand) und لـ (li) verwendet man, wenn man den Besitz ausdrücken will, مع (maʕ) bezeichnet das Bei-sich-Haben, z. B. عنده ساعة ʕa'ndu ßā'ʕa er hat eine Uhr, besitzt eine Uhr, معاه ساعة meʕā' ßā'ʕa er hat eine Uhr bei sich.

Die Vergangenheit (Imperfekt und Perfekt) wird gebildet, indem man der Präposition das Hilfszeitwort كان (kān) ‘war’ vorsetzt, das unverändert bleibt, z. B.

كان عندي (kān ʕa'ndi) ich hatte oder habe gehabt (eigentlich es war bei mir)
كان عندك (kān ʕa'ndak) du hattest
كان عندك (kān ʕa'ndik) du hattest *fem. usf.*

Die Zukunft wird gebildet, in dem man der Präposition حايكون (ħaikū'n) wird sein, das auch unverändert bleibt, vorsetzt, z. B.

حايكون عندى (ħaikū'n ʕa'ndi) ich werde haben
حايكون عندك (ħaikū'n ʕa'ndak) du wirst haben
حايكون عندك (ħaikū'n ʕa'ndik) du wirst sein *fem. usf.*

b) Das Zeitwort „sein"

Das Zeitwort „sein" hat kein Präsens. Ich bin, du bist, er ist als Kopula wird im Arabischen nicht ausgedrückt, z. B. انا فى البيت (a'na fil-bēt) ich bin zu Hause, الرجل فى السوق (er-rā'ĝil fiß-ßūʔ) der Mann ist auf dem Markt.

Die Vergangenheit ich war, ich bin gewesen, lautet:

كنت (kunt) ich war
كنت (kunt) du warst
كنت (kunti) du warst *fem.*
كان (kān) er war
كانت (kā'nit) sie war
كنا (ku'n-na) wir waren
كنتو (ku'ntu) Ihr waret
كانو (kā'nu) sie waren

Die Zukunft lautet:

حاكون (ħakū'n) ich werde sein
حاتكون (ħatkū'n) du wirst sein
حاتكونى (ħatkū'ni) du wirst sein *fem.*
حايكون (ħaikū'n) er wird sein
حاتكون (ħatkū'n) sie wird sein
حانكون (ħankū'n) wir werden sein
حاتكونوا (ħatkū'nu) ihr werdet sein
حايكونوا (ħaikū'nu) sie werden sein.

c) Allgemeines

Das arabische Verbum besteht meist aus drei Konsonanten, an denen die Wortbedeutung haftet. In den Wörterbüchern wird das Verbum nicht wie im Deutschen im Infinitiv, sondern in der 3. Person Einzahl Perfekt angeführt, weil in dieser Form der Stamm rein ohne irgend welchen Zusatz erscheint, z. B. كتب (ka'tab) schreiben (eigentlich „er hat geschrieben"). In unserem Sprachführer jedoch haben wir abweichend von diesem Gebrauch das Verbum in der 3. Person Einzahl Aorist angeführt, wie dies heute auch in den ägyptischen Schulen gebräuchlich ist. Der Grund hierfür ist der, daß sich der 2. Vokal bei den meisten Verben im Aorist ändert, z. B. كتب (ka'tab) Aorist يكتب (ji'ktib), schreiben, ربط (ra'baṭ) Aorist يربط (ji'rbuṭ) anbinden, منع (ma'naʕ) Aorist يمنع (ji'mnaʕ) hindern. Würden wir das Verbum im Perfekt anführen, müßte man sich bei jedem Verbum noch den Aoristvokal merken, was bei unserem Vorgang wegfällt.

d) Der Aorist (Im Arab. المضارع el-muđā'riʕ)

Der Aorist drückt die unvollendete Handlung aus. Er kann durch das Präsens, Futurum oder auch durch das Imperfekt wiedergegeben werden. Bei Hilfszeitwörtern steht er häufig für unseren Infinitiv (*s. unten*). Der Aorist von كتب (ka'tab) schreiben.

اكتب (a'ktib) ich schreibe
تكتب (ti'ktib) du schreibst
تكتبي (tikti'bi) du schreibst *fem.*
يكتب (ji'ktib) er schreibt
تكتب (ti'ktib) sie schreibt
نكتب (ni'ktib) wir schreiben
تكتبو(م) (tikti'bu(m)) ihr schreibt
يكتبو(م) (jikti'bu(m)) sie schreiben.

e) Das eigentliche Präsens

Das eigentliche Präsens, das die gegenwärtige Handlung ausdrückt, wird gebildet, indem man der Aoristform ein ب (b) vorsetzt, z. B.

باكتب (ba'ktib) ich schreibe, ich bin beim Schreiben
بتكتب (biti'ktib) du schreibst
بتكتبي (bitikti'bi) du schreibst *fem.*
بيكتب (biji'ktib) er schreibt *usw.*

Das Präsens wird auch häufig durch das Partizip Präsens mit dem Personalpronomen ausgedrückt, z. B. انا شارب (a'na schā'rib) ich trinke (eigentlich „ich bin trinkend").

f) Perfekt

كتبت (kata'bt) ich habe geschrieben
كتبت (kata'bt) du hast geschrieben
كتبت (kata'bti) du hast geschrieben fem.
كتب (ka'tab) er hat geschrieben
كتبت (ka'tabit) sie hat geschrieben
كتبنا (kata'bna) wir haben geschrieben
كتبتو(م) (kata'btu(m)) ihr habt geschrieben
كتبو(م) (ka'tabu(m)) sie haben geschrieben.

Wie wir sehen, gibt es im Arabischen für die 2. Person Einzahl des Verbums für das männliche und weibliche Geschlecht zwei verschiedene Formen.

g) Das Zeitwort شرب (schi'rib) trinken

Dieses Verbum unterscheidet sich von ka'tab nur dadurch, daß der 2. Vokal im Präsens a (bei كتب (ka'tab) i) und im Perfekt i (bei ka'tab a) ist.

Präsens

باشرب (ba'schrab) ich trinke
بتشرب (biti'schrab) du trinkst
بتشربي (bitischra'bi) du trinkst *fem.*
بيشرب (biji'schrab) er trinkt *usf.*

Perfekt

شربت (schiri'bt) ich habe getrunken
شربت (schiri'bt) du hast getrunken
شربت (schiri'bti) du hast getrunken

شرب (schi'rib) er hat getrunken
شربت (schi'rbet) sie hat getrunken *usf.*

Imperativ

اكتب (i'ktib) schreibe
اكتبي (ikti'bi) schreibe *fem.*
اكتبوا (ikti'bu) schreibt

اشرب (i'schrab) trinke
اشربي (ischra'bi) trinke *fem.*
اشربوا (ischra'bu) trinkt.

Das Futurum lautet: حاكتب (ħaktib) ich werde schreiben. حاتكتب (ħati'ktib), حاتكتبي (ħatikti'bi), حايكتب (ħaji'ktib) *usf.*

Das Imperfekt wird gebildet mit dem Hilfszeitwort كنت (kunt) ich war und اكتب (a'ktib), z. B.

كنت اكتب (kunt a'ktib) ich schrieb
كنت تكتب (kunt ti'ktib)
كنت تكتبي (ku'nti tikti'bi)
كان يكتب (kān ji'ktib)
كانت تكتب (kā'nit ti'ktib) *usf.*

Das Plusquamperfekt wird mit dem Hilfszeitwort كنت (kunt) ich war und dem Perfekt des Verbums gebildet, z. B.

كنت كتبت (kunt kata'bt) ich hatte geschrieben
كنت كتبت (kunt kata'bt) du hast geschrieben
كنت كتبت (ku'nti kata'bti) du hast geschrieben *fem.*
كان كتب (kān ka'tab) er hat geschrieben
كانت كتبت (kā'nit ka'tabit) sie hat geschrieben *usf.*

Das Partizip Präsens Aktiv lautet: كاتب (kā'tib) schreibend *mask.* und كاتبة (kā'tibe) oder (ka'tbe) *fem.* Das Partizip Passiv lautet: مكتوب (maktū'b) *mask.* مكتوبة maktū'be *fem.* geschrieben.

Der Konditionalis I (der Gegenwart) wird gebildet, indem man لو (lau) vor das Imperfekt, der Konditionalis II (der Vergangenheit), indem man لو (lau) vor das Plusquamperfekt setzt, z. B. لو كنت اكتب (lau kunt a'ktib) ich würde schreiben, ich schriebe, لو كنت كتبت (lau kunt kata'bt) ich würde geschrieben haben, ich hätte geschrieben.

Das Passiv wird durch eine vom Verbum abgeleitete Form, die vor den Stamm ein ان (in) setzt, gebildet, z. B. كتب (ka'tab) schreiben, انكتب (inka'tab) geschrieben werden, ضرب (đa'rab) schlagen, انضرب (inđa'ṛab) geschlagen werden. Die Konjugation ist wie im Aktiv, z. B.

Präsens:

بانضرب (banđi'rib) ich werde geschlagen
بتنضرب (bitinđi'rib) du wirst geschlagen
بتنضربي (bitinđiri'bi) du wirst geschlagen *fem.*
بينضرب (bijinđi'rib) er wird geschlagen
بتنضرب (bitinđi'rib) sie wird geschlagen
بننضرب (bininđi'rib) wir werden geschlagen *usf.*

Perfekt:

انضربت (inđara'bt) ich bin geschlagen worden *usf.* wie Aktiv.

Futurum:

حانضرب (ħanđi'rib) ich werde geschlagen werden
حاتنضرب (ħatinđi'rib) du wirst geschlagen werden
حاتنضربي (ħatinđiri'bi) du wirst geschlagen werden *fem.*
حاينضرب (ħajinđi'rib) er wird geschlagen werden *usf.*

h) Abgeleitete Verbalformen

Von der dreikonsonantischen Grundform des Zeitwortes (ka'tab, k-t-b) werden 10 verschiedene Verbalformen abgeleitet, die die Grundbedeutung des Zeitwortes verändern, z.B.

1. Form (Grundform) كتب (ka'tab) schreiben.
2. Form mit Kausativ- und Intensivbedeutung wird durch Verdoppelung des 2. Konsonanten gebildet: كتّب (ka't-tib) schreiben lassen, von كسر (ka'ßar) zerbrechen, كسّر (ka'ß-ßar) in kleine Stücke zerbrechen.
3. Form wird gebildet, indem man nach dem ersten Konsonanten ein langes ā einschiebt (der 2. Vokal ist immer i). Sie drückt Beziehungen zwischen Personen und Sachen aus, z. B. كاتب (kā'tib) an jemanden schreiben, korrespondieren.
4. Form. Sie wird gebildet, indem man ein ا (a) vor die Grundform setzt. Sie hat kausative Bedeutung, z. B. von حضر (ħa'đar) gegenwärtig sein احضر (a'ħđar) gegenwärtig machen, vorführen, bringen.
5. Form wird von der 2. Form gebildet, indem man dieser ein ات (it) vorsetzt. Sie ist das Reflexivum der 2. Form, z. B. علّم (ˁa'l-lim) wissen machen, lehren, اتعلّم (itˁa'l-lim) sich wissen machen, lernen. Ist der 1. Konsonant des Verbs ein g, d, đ, ŧ, s, ß, ẞ oder sch, so wird ihm das t des Präfixes gewöhnlich assimiliert, z. B. اجوز (ig-gau'ωis) heiraten (st. itgau'ω-ωis), isch-scha'k-kar danken (st. itscha'k-kar).
6. Form wird von der 3. Form gebildet, indem dieser ein ات (it) vorgesetzt wird. Sie hat reziproke Bedeutung, z. B. ضرب (đa'rab) schlagen اضّارب (iđ-đā'rib) (assimiliert für it-đa'rab) einander schlagen.

7. Form ist das Passiv der 1. Form. Sie wird gebildet, indem man إن (in), häufig auch إتّ (it) für إن (in) vor die Stammform setzt. ضرب (đa'rab) schlagen, انضرب (inđa'rab, *auch* iđ-đa'rab) geschlagen werden.
8. Form ist das Reflexivum der 1. Form. Sie wird gebildet, indem man vor die Stammform ein إ (i) setzt und nach dem 1. Konsonanten ein ت (t) einschiebt. كتب (ka'tab) schreiben, اكتتب (ikta'tab) sich einschreiben.
9. Form ist nur für Farbenbezeichnungen üblich. Sie wird von den Adjektiven, die eine Farbe bezeichnen, abgeleitet, z. B. احمر (a'ħmar) rot, احمرّ (iħma'r-r) rot werden, erröten (über die Konjugation dieser Form s. weiter unten).
10. Form wird gebildet, indem man است (ista) vor die Grundform setzt. Sie hat verschiedene von der Grundform abgeleitete Bedeutungen. عمل (ʕa'mal) tun, machen, استعمل (ista'ʕmal) gebrauchen, benützen.

i) Tabelle über die 10 Formen des regelmäßigen Verbums

In dieser Tabelle sind die Verbalformen in der 3. Person Einzahl angeführt. Die Konjugation jeder einzelnen Verbalform ist aus den vorhergehenden Konjugationsmustern zu ersehen.

---

[1]) wie oben erwähnt wird neben der Form inđa'rab auch häufig die Form mit إتّ (it) gebraucht.

[2]) eine etwas abweichende Konjugation s. unten.

	I	II
Perfekt	كتب ka'tab	كتّب ka't-tib
Präsens	بيكتب biji'ktib	بيكتّب bijka't-tib
Futurum	حايكتب ħaji'ktib	حايكتّب ħajka't-tib
Imperativ	اكتب i'ktib	كتّب ka't-tib
Part.akt.	كاتب kā'tib	مكتّب mika't-tib
Part.pass.	مكتوب maktū'b	مكتّب mika't-tab

III	IV	V
كاتب kā'tib	اعلم a'ˤlam	اتعلّم itˤa'l-lim
بيكاتب bijkā'tib	بيعلم biji'ˤlim	بيتعلّم bijitˤa'l-lim
حايكاتب ħajkā'tib	حايعلم ħaji'ˤlim	حايتعلّم ħajitˤa'l-lim
كاتب kā'tib	اعلم i'ˤlim	اتعلّم itˤa'l-lim
مكاتب mikā'tib	معلم mi'ˤlim	متعلّم mitˤa'l-lim
مكاتب mikā'tab	معلم mi'ˤlam	متعلّم mitˤa'l-lim

	VI	VII
Perfekt	اتكاتب itkā'tib	انضرب inđa'rab[1])
Präsens	بيتكاتب bijitkā'tib	بينضرب bijinđi'rib
Futurum	حايتكاتب ħajitkā'tib	حاينضرب ħajinđi'rib
Imperativ	اتكاتب itkā'tib	— —
Part.akt.	متكاتب mitkā'tib	— —
Part.pass.	متكاتب mitkā'tab	مضروب mađru'b

VIII	IX	X
اكتتب ikta'tab	احمرّ iħma'rr[2])	استعمل ista'ʕmal
بيكتتب bijikti'tib	بيحمرّ bijiħma'rr	بيستعمل bijista'ʕmil
حايكتتب ħajikti'tib	حايحمر hajiħma'rr	حايستعمل ħajista'ʕmil
اكتتب ikti'tib	احمر iħma'rr	استعمل ista'ʕmil
مكتتب mikti'tib	— —	مستعمل mista'ʕmil
مكتتب mikta'tab	محمر miħmi'rr	مستعمل mista'ʕmal

[1]) und [2]) siehe Fußnote auf Seite 171

Die Zeitwörter mit 4 Konsonanten sind selten, z. B. ترجم (ta'rgim) übersetzen, بيترجم (bijit-ta'rgim), حايترجم (ħajit-targim), مترجم (mi-ta'rgim) *usf.*

k) Die unregelmäßigen Zeitwörter

1. Zeitwörter, deren 2. u. 3. Stammkonsonant gleich ist, z. B. لمّ (lamm) sammeln

Präsens:	Perfekt:
بلم (bali'mm)	لميت (lam-mē't)
بتلم (bitli'mm)	لميت (lam-mē't)
بتلمي (bitli'm-mi)	لميت (lam-mē'ti)
بيلم (bijl'imm)	لم (lamm)
بتلم (bitli'mm)	لمّت (la'm-mit)
بنلم (binli'mm)	لمّينا (lam-mē'na)
بتلمو(م) (bitli'm-mu(m))	لميتو(م) (lam-mē'tu(m))
بيلمو(م) (bijli'm-mu(m))	لمّو (la'm-mu)

Futurum:	Imperativ:
حاتلم (ħatli'mm)	لمّ (limm)
حاتلم (ħatli'mm)	لمي (li'm-mi)
حاتلمي (ħatli'm-mi)	لموا (li'm-mu)
حايلم (ħajli'mm)	
usf.	

Part.akt.:	Part.pass.:
لامم (lā'mim)	ملموم (malmū'm)

2. Zeitwörter mit ω als erstem Konsonanten, z. B.

وهب (ωa'hab) schenken

Präsens:	Perfekt:
بوهب (bau'hib)	وهبت (ωaha'bt)
بتوهب (biti'uhib)	وهبت (ωaha'bt)
بتوهبي (bitiuhi'bi)	وهبت (ωaha'bti)

بيوهب (biji'uhib)	وهب (ωa'hab)
بتوهب (biti'uhib)	وهبت (ωa'habit)
بنوهب (bini'uhib)	وهبنا (ωaha'bna)
بتوهبو(م) (bitiuhi'bu(m))	وهبتو(م) (ωaha'btu(m))
بيوهبو(م) (bijiuhi'bu(m))	وهبو(م) (ωaha'bu(m))

Futurum:	Imperativ:
حوهب (ħau'hib)	اوهب (i'uhib)
حتوهب (ħati'uhib)	اوهبي (iuhi'bi)
حتوهبي (ħatiuhi'bi)	اوهبوا (iuhi'bu)
حيوهب (ħaji'uhib)	
usf.	

Part.akt.:	Part.pass.:
واهب (ωā'hib)	موهوب (mauhū'b)

3. Zeitwörter mit ا (a) als 1. Konsonanten, z. B.

اكل (a'kal) essen

Präsens:	Perfekt:
باكل (bā'kul)	اكلت (aka'lt)
بتاكل (bitā'kul)	اكلت (aka'lt)
بتاكلي (bita'kli)	اكلت (aka'lti)
بياكل (bijā'kul)	اكل (a'kal)
بتاكل (bitā'kul)	اكلت (a'kalit)
بناكل (binā'kul)	اكلنا (aka'lna)
بتاكلو(م) (bita'klu(m))	اكلتو(م) (aka'ltu(m))
بياكلو(م) (bija'klu(m))	اكلو(م) (a'kalu(m))

Futurum:	Imperativ:
حاكل (ħā'kul)	كل (kul)
حتاكل (ħatā'kul)	كلي (ku'li)
حتاكلي (ħata'kli)	كلوا (ku'lu)
حياكل (ħajā'kul)	
usf.	

Part.akt.:	Part.pass.:
اكل (ā'kil)	مأكول (maʾkū'l)

4. Zeitwörter, deren mittlerer Konsonant ein و (ω) oder ein ى (j) ist, z. B.

قال (ʔāl) sagen

Präsens:	Perfekt:
بقول (baʔū'l)	قلت (ʔult)
بتقول (bitʔū'l)	قلت (ʔult)
بتقولى (bitʔū'li)	قلت (ʔu'lti)
بيقول (bijʔū'l)	قال (ʔāl)
بتقول (bitʔū'l)	قالت (ʔā'lit)
بنقول (binʔū'l)	*usf.*
بتقولو(م) (bitʔū'lu(m))	
بيقولو(م) (bijʔū'lu(m))	

Futurum:	Imperativ:
حقول (ħaʔū'l)	قل (ʔul)
حتقول (ħatʔū'l)	قولى (ʔū'li)
حتقولى (ħatʔū'li)	قولوا (ʔū'lu)
حيقول (ħajʔū'l)	
usf.	

Part.akt.:	Part.pass.:
قايل (ʔā'jil)	مقول (maʔū'l)

Die Zeitwörter, die als mittleren Konsonanten ein ى (j) haben, werden wie das obige konjugiert, nur daß sie statt u ein i haben, z. B.

باع (bāʕ) verkaufen

Präsens:	Perfekt:
ببيع (babī'ʕ);	بعت (biʕt)
Futurum:	بعت (biʕt)
	بعت (bi'ʕti)
حبيع (ħabī'ʕ);	باع (bāʕ) *usf.*

5. Die Zeitwörter, deren 3. Konsonant و oder ى (ω oder j) ist, werden im Ägyptisch-Arabischen gleich konjugiert, z. B.

رمى (ra'ma) werfen.

Präsens:

برمى (ba'rmi)
بترمى (biti'rmi)
بترمى (biti'rmi)
بيرمى (biji'rmi)
بترمى (biti'rmi)
بنرمى (bini'rmi)
بترمو(م) (biti'rmu(m))
بيرمو(م) (biji'rmu(m))

Perfekt:

رميت (ramē't)
رميت (ramē't)
رميت (ramē'ti)
رمى (ra'ma)
رمت (ra'mit)
رمينا (ramē'na)
رميتو(م) (ramē'tu(m))
رمو(م) (ra'mu(m))

Futurum:

حرمى (ħa'rmi)
حترمى (ħati'rmi)
حترمى (ħati'rmi)
حيرمى (ħaji'rmi)
حترمى (ħati'rmi)
usf.

Imperativ:

ارم (i'rmi)
ارمى (i'rmi)
ارموا (i'rmu)

Part.akt.:

رامى (rā'mi)

Part.pass.:

مرمى (ma'rmi)

6. Zeitwörter mit 2 sogenannten schwachen Konsonanten, z. B.

جاء (giʔ *oder* gā)

Präsens:

باجى (ba'gi)
بتيجى (biti'gi)
بتيجى (biti'gi)
بييجى (biji'gi)
بتيجى (biti'gi)
بنيجى (bini'gi)
بتيجو(م) (biti'gu(m))
بييجو(م) (biji'gu(m))

Perfekt:

جيت (gēt)
جيت (gēt)
جيت (gē'ti)
جه (gi)
جت (gat)
جينا (gē'na)
جيتو(م) (gē'tu(m))
جم (gum)

Futurum:

حاجى (ħa'gi)
حاتيجى (ħati'gi)

حاتيجى (ħati'gi)
حاييجى (ħaji'gi)
حاتيجى (ħati'gi)
usf.

Imperativ: wird von einem andern Stamm gebildet:

تعالى (taˤā'la) komm
تعالى (taˤā'li) komm *fem.*
تعالوا (taˤā'lu) kommt

Part.akt.:

جاى (ga'j) *mask.*
جاية (ga'j-je) *fem.*

Das Zeitwort ادى (i'd-da) geben

Präsens:

بادى (ba'd-di)
بتدى (biti'd-di)
بتدى (biti'd-di)
بيدى (biji'd-di)
usf.

Perfekt:

اديت (id-dē't)
اديت (id-dē't)
اديت (id-dē'ti)
ادى (i'd-da)
ادت (i'd-dit)
usf.

Imperativ:

اد (i'd-di)
ادى (i'd-di)
ادوا (i'd-du)

Part.:

مدى (mi'd-di)

l) Die Hilfszeitwörter

1. „müssen". Das Hilfszeitwort „müssen" wird ausgedrückt durch لازم (lā'sim), eigentlich ein Partizip „es ist notwendig" oder durch واجب على (ωā'gib ˤale), eigentlich „die Verpflichtung auf ..." und der Aoristform z. B.

Präsens:

لازم اكتب (lā'sim a'ktib) ich muß schreiben
لازم تكتب (lā'sim ti'ktib) du mußt schreiben

لازم تكتبي (lā'sim tikti'bi) du mußt schreiben *fem.*
لازم نكتب (lā'sim ni'ktib) wir müssen schreiben.

Perfekt:

كان لازم اكتب (kān lā'sim a'ktib) ich mußte schreiben
كان لازم تكتب (kān lā'sim ti'ktib) du mußtest schreiben
كان لازم تكتبي (kān lā'sim tikti'bi) du mußtest schreiben *fem.*
كان لازم نكتب (kān lā'sim ni'ktib) wir mußten schreiben.

oder

واجب عليّ اكتب (ωā'gibˁale'j-je a'ktib) ich muß schreiben
واجب عليك تكتب (ωā'gib ˁalē'k ti'ktib) du mußt schreiben
واجب عليك تكتبي (ωā'gib ˁalē'ki tikti'bi) du mußt schreiben *fem.*
واجب عليه يكتب (ωā'gib ˁalē' ji'ktib) er muß schreiben
واجب عليها تكتب (ωā'gib ˁalē'ha tiktib) sie muß schreiben
usf.

Dem Perfekt wird ebenso wie bei لازم (lā'sim) ein كان (kān) vorgesetzt.

2. „wollen" wird ausgedrückt, indem man das Partizip طاوز (ˁā'ωis) ebenso wie لازم (lā'sim) dem Verb vorsetzt und dieses wie oben konjugiert.

3. „können" ist ein normales Zeitwort, z. B.

اقدر اكتب (a'ʔdar a'ktib) ich kann schreiben
تقدر تكتب (ti'ʔdar ti'ktib) du kannst schreiben
usf.

قدرت اكتب (ʔidi'rt a'ktib) ich konnte schreiben
قدر يكتب (ʔi'dir ji'ktib) er konnte schreiben
usf.

m) Die Verneinung

Die Verneinung beim Zeitwort geschieht durch 2 Partikeln, und zwar setzt man ein ما (ma) (nicht) vor und ein ش (sch) nach, z. B.

Präsens:

ما بكتبش (mabakti'bsch) ich schreibe nicht
ما بتكتبش (mabitikti'bsch) du schreibst nicht
ما بتكتبيش (mabitiktibī'sch) du schreibst nicht *fem.*
مابيكتبش (mabijikti'bsch) er schreibt nicht
مابتكتبيش (mabitikti'bsch) sie schreibt nicht
ما بنكتبش (mabinikti'bsch) wir schreiben nicht
مابتكتبوش (mabitiktibū'sch) ihr schreibt nicht
ما بيكتبوش (mabijiktibū'sch) sie schreiben nicht.

Perfektum:

ماكتبتش (makata'btisch) ich habe nicht geschrieben
ماكتبتش (makata'btisch) du hast nicht geschrieben
ماكتبتيش (makatabtī'sch) du hast nicht geschrieben *fem.*
ماكتبش (makata'bsch) er hat nicht geschrieben
ماكتبتش (makatabi'tsch) sie hat nicht geschrieben
ماكتبناش (makatabnā'sch) wir haben nicht geschrieben
ماكتبتوش (makatabtū'sch) ihr habt nicht geschrieben
ماكتبوش (makatabū'sch) sie haben nicht geschrieben.

Zu merken ist, daß das ش (sch) der Negation mit dem Zeitwort zu einer Tongruppe verschmilzt; daher auch die Verschiebung des Akzentes gegen die letzte Silbe; nur dort, wo ein Hilfsvokal eingeschoben wird, bleibt der Ton auf seiner ursprünglichen Silbe wie z. B. in ماكتبتش (makata'btisch).

Der verneinte Imperativ wird von dem Präsens ohne ب (b) mit der Negation ما...ش (ma...sch) gebildet, z. B.

ما تعملش ده (ma tiˁmi'lsch de) mach das nicht
ما تعمليش ده (ma tiˁmilī'sch de) mach das nicht *fem.*
ما تعملوش ده (ma tiˁmilū'sch de) macht das nicht.

5. Die Pronomina (Fürwörter)

1. Das persönliche Fürwort lautet:

انا (a'na) ich (bin)
انت (i'nta) du (bist)
انت (i'nti) du (bist) *fem.*
هو (hu'ω-ωa) er (ist)
هى (hi'j-je) sie (ist)
احنا (i'ħna) wir (sind)
انتو(م) (i'ntu(m)) ihr (seid)
همّ (hu'm-ma) sie (sind)

Mit Negation:

مانش (mā'nisch) ich bin nicht
ما نتش (ma'ntasch) du bist nicht
ما نتش (ma'ntisch) du bist nicht *fem.*
ماهش (mā'husch) er ist nicht
ماهيش (mā'hisch) sie ist nicht *usf.*

Die persönlichen Fürwörter im Akkusativ werden als Suffixe an das Zeitwort angehängt. Sie lauten:

نى (ni) mich
ك (ak, -k) dich
ك (ik, ki) dich *fem.*
ه (u) ihn
ها (ha) sie
نا (na) uns
كم (kum) euch
هم (hum) sie

z. B.:

ضربنى (đara'bni) er hat mich geschlagen
ضربك (đa'rabak) er hat dich geschlagen
ضربونى (đarabū'ni) sie haben mich geschlagen
ضربوك (đarabū'k) sie haben dich geschlagen
usf.

2. Das Possessivpronomen (besitzanzeigendes Fürwort).

Auch dieses wird durch Suffixe ausgedrückt, die ebenso lauten wie die des Personalpronomens mit Ausnahme, daß für نى (ni) ى (i) steht, z. B.:

كتابى (kitā'bi) mein Buch
كتابك (kitā'bak) dein Buch
كتابك (kitā'bik) dein Buch *fem.*
كتابه (kitā'bu) sein Buch
كتابها (kita'bha) ihr Buch
كتابنا (kita'bna) unser Buch
كتابكم (kita'bkum) euer Buch
كتابهم (kita'bhum) ihr Buch.

Ist das Hauptwort ein Feminium mit der Endung a, e, so erscheint vor dem Suffix wieder das t (*s. oben*) z. B. زهرة (sa'hra) die Blume, زهرتى (sahri'ti), زهرتك (sahri'tak), زهرتك (sahri'tik) *usf.*

Das Zeitwort „gehören" wird durch بتاع (bitā'ʕ), *fem.* بتاعة (bitā'ʕit), *pl.* بتوع (bitū'ʕ) und dem entsprechenden Suffix ausgedrückt, z. B. البيت ده بتاعى (el-bēt de bitā'ʕi) dieses Haus gehört mir, البيوت دول بتوعنا (el-bujū't dōl bitū'ʕna) diese Häuser gehören uns.

3. Das Demonstrativpronomen (hinweisende Fürwort) (dies, dieser, diese, dieses) lautet:

ده (de) männlich Einzahl
دى (di) weiblich Einzahl
دول (dōl) Mehrzahl für beide Geschlechter.

Alle drei bleiben unverändert. Sie werden immer dem Hauptwort nachgestellt, z. B.:

الرجل ده (er-rā'gil de) dieser Mann
البنت دى (el-bint di) dieses Mädchen
الرجال دول (er-rigā'l dōl) diese Männer.

4. Das Relativpronomen lautet unverändert اللى (i'l-li).

Der Relativsatz wird abweichend vom Deutschen dem Hauptsatz beigeordnet und nicht untergeordnet, z. B.:

الرجل اللى شفته (er-rā'gil i'l-li schu'ftu) der Mann, den ich gesehen habe (eigentlich der Mann, der, ich habe ihn gesehen).

الرجل اللى كتبت له جواب (er-rā'gil i'l-li kata'bt lu gaωā'b) der Mann, dem ich einen Brief geschrieben habe (eigentlich der Mann, der, ich habe ihm einen Brief geschrieben).

الرجل اللى شفت بنته (er-rā'gil i'l-li schuft bintu) der Mann, dessen Tochter ich gesehen habe (eigentlich der Mann, der, ich habe seine Tochter gesehen).

Das Relativpronomen muß, wenn es im Genetiv, Dativ oder Akkusativ steht, durch ein Possessivpronomen im Relativsatz aufgenommen werden.

5. Das Reflexivpronomen (rückbezügliche Fürwort) lautet
نفس (nafs *pl.* a'nfus) mit Suffixen, z. B.: ضرب نفسه (đa'rab na'fsu) er hat sich geschlagen, ضربت نفسي (đara'bt na'fsi) ich habe mich geschlagen.
Im Zusammenhang mit dem Personalpronomen drückt es „selbst" aus, z. B.: انا نفسى (a'na na'fsi) ich selbst, انت نفسك (i'nta na'fsak) du selbst.

6. Interrogativpronomen (Fragefürwort):

مين (mīn) wer
ايه (ē) was
} *beide unverändert u. gewöhnlich nachgestellt*

اى (ajj) welcher *unverändert.*

الرجل ده مين (er-rā'gil de mīn) wer ist der Mann da?

بتعمل ايه (biti'ʕmil ē) was machst du?

كتاب مين ده (kitā'b mīn de) wessen Buch ist das?

شفت مين (schuft mīn) wen hast du gesehen?

اىّ رجل (ajj rā'gil) welcher Mann?

اىّ بنت (ajj bint) welches Mädchen.

7. Das unbestimmte Fürwort:

كل واحد (kul ωā'hid) jeder *substantivisch*

كل (kul) jeder *adjektivisch*, z. B. كل رجل (kul rā'gil) jeder Mann.

ما حدش (ma ħa'd-disch) niemand

واحد (ωā'hid) *fem.* (ωa'hde) irgend einer, eine.

حاجة (ħā'ge) etwas

مافيش (ma fīsch) nichts

6. Präpositionen (Vorwörter)

قبل (ˀabl) vor (*zeitlich*)
بعد (baˁd) nach (*zeitlich*)
قدام (ˀud-dā'm) vor (*örtlich*)
ورا (wa'ra) hinter
في (fī) in
ب (bi) durch, mit
الى (i'la) *oder* ل (li) nach, zu
من (min) von
على (ˁa'le) auf, nach
عن (ˁan) von, nach
فوق (fōˀ) oberhalb, ober
جنب (gamb) neben
بين (bēn) zwischen
لأجل (liˀag'gl) wegen, für
علشان (ˁaleschā'n) wegen, für
بدون (bidū'n) ohne
من غير (min γēr) ohne
مع (maˁ) mit
عند (ˁand) bei

ويّا (ωai'j-ja) mit (*Begleitung*)
الا (i'l-la) außer
تحت (taħt) unterhalb, unter

7. Konjunktionen (Bindewörter)

لما (la'm-ma) als
و (ωa) und
لكن (lā'kin) aber
علشان (ˁaleschā'n) } weil
لأنّ (li-ann) } weil
قبلما (ˀabl-ma) bevor
بعدما (baˁd-ma) nachdem
او، ياإما (au, ja i'm-ma) oder
انّ (i'n-na) daß

علشان (alescha'n) damit, um zu
بينما (baina ma) während
مع ان (maʕ a'n-na) trotzdem
اذا (i'se) wenn
لو (lau) wenn (*in irrealen Bedingungssätzen*)
اذا، ان (i'se) *oder* (in) ob
ولو (ωa'lau) obgleich.

8. Adverbien (Umstandswörter)

دايما (dai'man) immer
تملى (tame'l-li) immer
لسّه (li'ß-ßa) noch nicht
قوى، خالص (ʔa'ωi *oder* chā'liß) zu *beim Adjektiv*
بره (ba'r-ra) draußen
جوه (gu'ω-ωa) drinnen
فوق (foʔ) oben
تحت (taħt) unten
كمان، مرة ثانية (kama'n) *oder* (ma'r-ra tā'nije) wieder
من زمان (min semā'n) schon
كتير (keti'r) viel
شوية (schuωa'jje) wenig
بعيد (baʕī'd) weit
قريب (ʔarī'b) nahe

Frageadverbien

فين (fēn) wo?
امتى (i'mta) wann?
ازىّ (es-sa'j) wie?
كام (kām) wieviel?
قد ايه (ʔa'd-di ē) wie lange?
ليه (lē) } warum?
اشمعنى (ischme'ʕana) } warum?
منين (minē'n) woher?

9. Syntaktisches

Die Stellung der Redeteile im Satz ist im Ägyptisch-Arabischen sehr freizügig, das Hauptwort kann vor oder nach dem Zeitwort stehen.

Die Konjunktion ان (a'n-na, i'n-na) *daß* nimmt häufig das Suffix des Personalpronomens zu sich, z. B. بعرف انه حاييجى (ba'ʕraf i'n-nu ħaji'gi) ich weiß, daß er kommt *oder* ظنيت انى حاجى؟ (san-nē't i'n-ni ħa'gi?) hast du geglaubt, daß ich kommen werde?

Schwierigkeiten bilden nur die Relativsätze, die wir oben behandelt haben, und die Bedingungssätze. Im Arabischen gibt es keinen Konjunktiv. Es ist daher der Unterschied zwischen realem und irrealem Konditionalsatz (Bedingungssatz der Wirklichkeit und Nichtwirklichkeit) oft nur aus dem Zusammenhang zu entnehmen.

1. Realer Fall. Der Bedingungssatz wird mit ان (in) oder اذا (i'se) eingegeleitet.

اذا كان عندى وقت حاجى (i'se kān ʕa'ndi ωaʔt ħa'gi) wenn ich Zeit habe, werde ich kommen (eigentlich: wenn ich Zeit gehabt habe, werde ich kommen), اذا كنت حاكتبلك امك حاتنبسط (i'se kunt ħakti'blak u'm-mak ħatinbi'ßit) wenn ich dir schreiben werde, wird sich deine Mutter freuen (eigentlich: wenn ich dir geschrieben haben werde...).

Das Verbum des Bedingungssatzes wird immer mit einer Perfektform von كان (kān) verbunden.

2. Irrealer Fall. Der Bedingungssatz wird mit لو (lau) eingeleitet.

لوكان عندى وقت كنت اروح وياك (lau kān ʕa'ndi ωaʔt kunt arū'ħ ωaj-jā'k) wenn ich Zeit hätte, ginge ich mit dir.

لوكان عندى وقت كنت رحت وياك (lau kānˁa'ndi ωaʾt kunt ruħt ωaj-ja'k) wenn ich Zeit gehabt hätte, wäre ich mit dir gegangen.

Beim irrealen Fall der Gegenwart steht im Bedingungssatz Perfekt, im Hauptsatz Imperfekt, beim irrealen Fall der Vergangenheit steht im Bedingungssatz gleichfalls Perfekt, im Hauptsatz Plusquamperfekt.

Zahlwörter الاعداد (el-aˁdā'd)

Grundzahlen

الاعداد الاعتياد ية (el-aˁdā'd el-iˁtijadi'j-ja)

0	٠	صفر	ßifr
1	١	واحد	ωā'ħid
2	٢	اثنان	itnē'n
3	٣	ثلاثة	talā'ta
4	٤	اربعة	arba'ˁa
5	٥	خمسة	c̶h̶a'mßa
6	٦	ستة	ßi't-ta
7	٧	سبعة	ßa'bˁa
8	٨	ثمانية	tama'nja
9	٩	تسعة	ti'ßˁa
10	١٠	عشرة	ˁa'schara
11	١١	احد عشر	ħidā'scher
12	١٢	اثنا عشر	itnā'scher
13	١٣	ثلاثة عشر	talat-tā'scher
14	١٤	اربعة عشر	arbaˁtā'scher
15	١٥	خمسة عشر	c̶h̶amaßtā'scher
16	١٦	ستة عشر	ßit-tā'scher
17	١٧	سبعة عشر	ßabaˁtā'scher
18	١٨	ثمانية عشر	tamantā'scher
19	١٩	تسعة عشر	tißaˁtā'scher
20	٢٠	عشرين	ˁischrī'n
21	٢١	واحد وعشرين	ωā'ħid ωe ˁischrī'n
30	٣٠	ثلاثين	talatī'n
40	٤٠	اربعين	arbaˁī'n
50	٥٠	خمسين	c̶h̶amßī'n
60	٦٠	ستين	ßit-tī'n
70	٧٠	سبعين	ßabˁī'n
80	٨٠	ثمانين	tamanī'n
90	٩٠	تسعين	tißˁī'n
100	١٠٠	مئة	mi'j-ja
200	٢٠٠	مئتين	mitē'n

300	٣٠٠	ثلاثمئة	tultemi'j-ja
400	٤٠٠	اربعمئة	rubˁemi'j-ja
500	٥٠٠	خمسمئة	chumßemi'j-ja
600	٦٠٠	ستمئة	ßut-temi'j-ja
700	٧٠٠	سبعمئة	ßubˁemi'j-ja
800	٨٠٠	ثمانمئة	tumnemi'j-ja
900	٩٠٠	تسعمئة	tußˁemi'j-ja
1000	١٠٠٠	الف	alf
2000	٢٠٠٠	الفين	alfē'n
3000	٣٠٠٠	ثلاثة الاف	talat-talā'f
4000	٤٠٠٠	اربعة الاف	arbaˁtalā'f
10000	١٠٠٠٠	عشرة الاف	ˁaschertalā'f
1000000	١٠٠٠٠٠٠	مليون	miljō'n

Ordnungszahlen

الاعداد الترتيبية (el-aˁdā'd et-tartibi'j-ja)

1.	١	اول	a'ω-ωal
2.	٢	ثان	tā'ni
3.	٣	ثالث	tā'lit
4.	٤	رابع	rā'biˁ
5.	٥	خامس	chā'miß
6.	٦	سادس	ßā'diß
7.	٧	سابع	ßā'biˁ
8.	٨	ثامن	tā'min
9.	٩	تاسع	tā'ßiˁ
10.	١٠	عاشر	ˁā'schir
11.	١١	حادى عشر	ħā'di ˁa'scher
12.	١٢	ثانى عشر	tā'ni ˁa'scher
13.	١٣	ثالث عشر	tā'lit ˁa'scher
14.	١٤	رابع عشر	rā'biˁ ˁa'scher
15.	١٥	خامس عشر	chā'miß ˁa'scher
16.	١٦	سادس عشر	ßā'diß ˁa'scher
17.	١٧	سابع عشر	ßā'biˁ ˁa'scher
18.	١٨	ثامن عشر	tā'min ˁa'scher
19.	١٩	تاسع عشر	tā'ßiˁ ˁa'scher
20.	٢٠	العشرين	el-ˁischrī'n

21.	٢١	الواحد والعشرين	el-ωā'ħid ωil ʿischrī'n
30.	٣٠	الثلاثين	et-talatī'n
40.	٤٠	الاربعين	el-arbiʿī'n
50.	٥٠	الخمسين	el-chamßī'n
60.	٦٠	الستين	eß-ßit-tī'n
70.	٧٠	السبعين	eß-ßabʿī'n
80.	٨٠	الثمانين	et-tamanī'n
90.	٩٠	التسعين	et-tißʿī'n
100.	١٠٠	المئة	el-mi'j-ja
200.	٢٠٠	المئتين	el-mitē'n
362.	٣٦٢	الثلاثمئة اثنين وستين	et-tultemi'j-ja etnē'n ωißit-tī'n
1000.	١٠٠٠	الالف	el-alf

Bruchzahlen

الاعداد الكسرية (el-aʿdā'd el-kaßri'j-ja)

$^1/_2$	$\frac{١}{٢}$	نصف	nuß
$^1/_4$	$\frac{١}{٤}$	ربع	rubʿ
$^1/_3$	$\frac{١}{٣}$	ثلث	tilt
$^1/_5$	$\frac{١}{٥}$	خمس	chumß
0,4	٠،٤	اربعة من عشرة	(arba'ʿa min ʿa'schera)
2,5	٢،٥	اثنين ونصف	(etnē'n ωi nuß)

Sonstiges

einfach	بسيط	baßī't
zweifach	مضاعف	muđā'ʿaf
dreifach	مثلث	mußa'l-laß
vierfach	مربع	mura'b-baʿ
einmal	مرة	ma'r-ra
zweimal	مرتين	mar-retē'n
dreimal	ثلاث مرات	ta'lat mar-rā't
viermal	اربع مرات	a'rbaʿ mar-rā't
fünfmal	خمس مرات	cha'maß mar-rā't

Addition جمع ga'mˁ

2 + 3 = 5 ٥ = ٣ + ٢

اثنين زائد ثلاثة يساوى خمسة

(etnē'n sā'ˀid tala'ta jißā'ωi eha'mßa)

Subtraktion طرح tarħ

3 — 2 = 1 ١ = ٢ — ٣

ثلاثة ناقص اثنين يساوى واحد

(talā'ta nā'ˀiß etnē'n jißā'ωi ωā'ħid)

Multiplikation ضرب (đarb)

3 × 4 = 12 ١٢ = ٤ × ٣

ثلاثة فى اربعة يساوى اثنا عشر

(talā'ta fi arba'ˁa jißā'ωi etna'scher))

Division قسمة ˀi'ßma

12:4 = 3 ٣ = ١٢/٤

اثنا عشر على اربعة يساوى ثلاثة

(etnā'scher ˁala arba'ˁa jißā'ωi talā'ta)

Bekanntmachungen und Warnungen

شئون اسلامية (schuʾūʹn ißlamiʹj-ja)

يمينك jimīʹnak *nach rechts*

شمالك schimāʹlak *nach links*

الدخول ممنوع ed-duchūʹl mamnūʹʕ *Eintritt verboten*

للايجار lilʾīgāʹr *zu vermieten*

الى المحطة ilalmaħaʹt-ta *zum Bahnhof*

التفت iltiʹfit *Achtung*

احترس من النشالين iħtaʹriß min an-naschschalīʹn *vor Taschendieben wird gewarnt*

احترس من القطار iħtaʹriß min el-ʾaʹtr *Achtung Zug!*

ممنوع التبول mamnūʹʕ et-tabaʹω-ωul *Verunreinigung des Ortes (Urinieren) verboten*

خطر chaʹtar *Achtung Gefahr!*

ممنوع النزول قبل وقوف القطار mamnūʹʕ en-nisūʹl ʾabl ωuʾūʹf el-ʾaʹtr *nicht aussteigen bevor der Zug hält*

لا تطل من الشباك la tatuʹll min esch-schib-bāʹk *nicht hinauslehnen*

لاتمس la tamaʹß *nicht berühren*

خروج churūʹg *Ausgang*

دخول duchūʹl *Eingang*

للرجال lir-rigāʹl *für Herren (Männer)*

للسيد ات liß-ßaj-jidāʹt *für Damen*

محطة maħaʹt-ta *Haltestelle*

للتدخين lit-tadchīʹn *Raucher*

ممنوع التدخين mamnūʹʕet-tadchīʹn *Nichtraucher*

ممنوع وقوف السيارات mamnū'ˁ ωu'ū'f eß-ßaj-jarā't *Parken verboten*

سر بيطء ßir bibu'ṭ' *langsam fahren*

المرور ممنوع el-murū'r mamnū'ˁ *Durchfahrt verboten*

ادفع الباب i'dfaˁ el-bāb *stoßen*

شد الباب schidd el-bāb *ziehen*

خاص cha'ß *privat*

محجوز maħgū's *reserviert*

مشغول maschγū'l *besetzt*

الطريق مسدود eṭ-ṭarī'' maßdū'd *Straße gesperrt*

الا ستحمام هنا ممنوع el-ißtiħmā'm hina mannū'ˁ *Baden verboten*

الوقوف على السلم ممنوع el-ωu'ū'f ˁaß-ßi'l-lim mamnū'ˁ *das Stehen auf dem Trittbrett ist verboten (Straßenbahn)*

لا تستعمل آلة التنبيه la taßta'ˁmil ā'lit et-tanbī'h *Hupen verboten*

صندوق الشكاوى ßandū'' esch-schakā'ωi *Beschwerdekasten*

Verzeichnis der ägyptischen Speisen

كشف مأكولات مصرية (ka'schf ma'kūlā't maßri'j-ja)

Linsensuppe شربة عدس scho'rbit ʕa'tß
Suppe mit Kalb- Hammelstelzen شربة كوارع schorbit kaωā'riʕ
Makkaroni im Ofen *(eine Art Makkaroniauflauf)* مكرونة فى الفرن makaro'na fil-fu'rn
Saubohnenpüree بصارة bißā'ra
Pfefferklößchen mit Saubohnen فلافل falā'fil
Schmorsaubohnen mit Butter فول مدمس بالزبدة fūl mida'm-mißß bis-si'bda
Fleisch am Spieß كباب سيخ kabā'b ßīch
Taube vom Grill حمام مشوى ħamā'm ma'schωi
Schmorfleisch نيفة nī'fa
Ägyptisches Beefsteak *(am Spieß gegrilltes Hammelfleisch)* كفتة مشوية ko'fta maschωi'j-ja
Tomatenklößchen كباب حلة kabā'b ħa'l-la
Lammfleisch vom Ofen *(im Rohr gebackenes Lammfleisch)* اوزى فى الفرن ū'si fil-fu'rn
Bamja „Ladiesfingers" *(orientalisches Gemüse, gekocht)* بامية ba'mja
Meluchijja *(mit dem Hackmesser geschnittenes und gekochtes ägyptisches Gemüse)* ملوخية meluchi'j-ja
Malve *(Malve gekocht mit Reis und Butter)* خبيزة chob-bē'sa
Gefüllte Melanzani *(mit Reis und Fleisch gefüllte Eieräpfel)* بدنجان محشى bidingā'n ma'ħschi
Milchsalat *(Sauermilch mit Knoblauch)* سلطة لبن ßa'latit la'ban
Kressensalat سلطة جرجير ßa'latit gargī'r
Melanzanisalat *(Salat aus Eieräpfel mit Essig u. Knoblauch)* سلطة بدنجان ßa'latit bidingā'n

Süßnudel mit Schlagsahne كنافة بالقشطة konā'fa bil ʔi'schŧa

Milchstärke *(Stärke gekocht mit Milch u. Zucker)* مهلبية mehal-labi'j-ja

Gefüllte Pastete بقلاوة biʔlā'ωa

Süßnudeln mit Pistazie *(Nudeln mit Zucker, Butter u. zerkleinerten Pistazien)* كنافة بالفستق konā'fa bil-fißtu'ʔ

Rote Datteln بلح زغلول ba'laħ saγlū'l

Reife Datteln بلح رطب ba'laħ ro'ŧab

Gelbe Datteln بلح سمانى ba'laħ ßamā'ni

Mango *(in Ägypten sehr beliebtes Steinobst von Pflaumen- bis Melonengröße)* مانجة mā'nga

Ägyptische Münzen und Banknoten

العملة المصرية (el-ʕumla el-maßri'j-ja)

Ein **ägyptisches Pfund** hat
100 Irsch oder 1000 Mellim الجنيه المصرى يساوى
(اثنى عشر مرك المانى تقريبا) اومية قرش اوالف مليم
el-ginē'h el-maßri jißā'ωi (etnā'schar mark almā'ni taʔrī'ban) au mīt ʔi'rsch au alf mel-lī'm)

a) Silbermünzen: العملة الفضة (el-ʕumla el-fa'đ-đa)

ريال ١	(rijā'l)	1 Rial	=	20 Irsch
ريال ١/٢	(nuß '')	$^1/_2$ Rial	=	10 Irsch
ريال ١/٤	(rubʕ '')	$^1/_4$ Rial	=	5 Irsch
فرنك ١/٢	(nuß frank)	$^1/_2$ Frank	=	2 Irsch

b) Kupfermünzen: العملة النحاس (el-ʕumle en-neħā'ß)

قرش صاغ (ʔirsch ßāγ) 1 Großirsch = 10 Mellim
قرش تعريفة (ʔirsch taʕrī'fa) 1 Kleinirsch = 5 Mellim

c) Nickelmünzen: العملة النيكل (el-ʕumla en-nē'kel)

قرش صاغ (ʔirsch ßāγ) 1 Großirsch = 10 Mellim
قرش تعريفة (ʔirsch taʕrī'fa) 1 Kleinirsch = 5 Mellim
مليم (mel-lī'm) 1 Mellim = 1 Mellim

d) Papiergeld: البنكنوت (el-banknō't)
Banknoten zu 5, 10, 25, 50 Irsch:
بنكنوت بخمسة، بعشرة، بخمسة وعشرين، بخمسين قرش
banknot becha'mßa, beʕ a'schara, becha'mßa ωe-ʕeschrī'n, bechamßī'n ʔirsch

Banknoten zu 1, 5, 10, 50, 100, 500, 1000 Pfund:
بنكنوت ١، ٥، ١٠، ٥٠، ١٠٠، ٥٠٠، ١٠٠٠
biginē'h, cha'mßa, ʕa'schara, chamßī'n, bemī'j-je, bechumßmī'j-je, be ʔalf

Maße und Gewichte

المقاييس والموازين (el-maʾajī'ß ωal-maωasī'n)

a) Längenmaße

المقاييس الطولية el-maʾajī'ß et-tuli'j-ja

ملليمتر mi'l-limetr Millimeter

سنتيمتر ßa'ntimetr Zentimeter

متر metr Meter

كيلو متر ki'lometr Kilometer

قيراط ʾirā't Zoll (2.54 cm)

قدم ʾa'dam Fuß (30.48 cm)

b) Flächenmaße

المقاييس المسطحة (el-maʾajī'ß el mußat-ta'ħa)

فدان fed-dā'n = ٢٤ قيراط او ٣٣٣ قصبة او ٤٢٠٠ متر مربع

arba'ʿa ωa ʿischrī'n ʾirā't au tu'lte mi'j-ja tala'ta ωa talatī'n ʾa'ßaba au a'rbaʿ — talā'f ωa mitē'n metr mura'b-baʿ 24 Kirat *oder* 333 Kasaba *oder* 4200 m²

متر مربع metr mura'b-baʿ 1 m² *usw.*

c) Hohlmaße

المكاييل (el-makajī'l)

لتر litr 1 Liter

١/٢ لتر nuß litr ½ Liter

١/٤ لتر rubʿ litr ¼ Liter

جالون galō'n 1 Gallone = 4.546 Liter (*nur für Benzin*)

d) Gewichte

الموزين (el-maωasī'n)

اقّة ωeˀa 1 Okka = 1250 Gramm = 400 darhim *od.* 2.75 raṭl:

الف مئتين و خمسين جرم او ربعمئة درهم او ثلاثة ارطال الا ربع
alf mitē'n ωa chamsī'n gram au rubˁ mī't darhim au ta'lat-tirṭā'l il-la rub

اقة ١/٢ nuß ωeˀa ½ Okka

اقة ١/٤ rubˁ ωeˀa ¼ Okka

رطل raṭl 1 Pfund = 454.5 Gramm

وقية ωeˀī'j-ja = 12 Darhim = 1 Unze

كيلوجرام ki'logram Kilogramm

قنطار ˀinṭā'r = 75 Okka

طونولا طة ṭonolā'ṭa Tonne

Islamisches

شئون اسلامية (schuʾū'n ißlami'j-ja)

Hidschrajahr

السنة الهجرية eß-ßa'na el-higri'j-je

Die mohammedanische Zeitrechnung beginnt mit dem 16. Juli 622 nach Christi. Das mohammedanische Jahr ist ein Mondjahr mit 354 Tagen. Da es um 11 Tage kürzer als unser Sonnenjahr ist, verschiebt sich die Jahreszählung in einem Jahrhundert um ungefähr 3 Jahre. Bei der Umrechnung kann man folgende Formel benützen:
(G = gregorianisches Jahr;
H = Hidschrajahr)

$$G = H - \frac{H}{33} + 622$$

$$H = G - 622 + \frac{G - 622}{32}$$

Bei der Umrechnung merke man sich, daß 33 Sonnenjahre gleich 34 Mondjahren sind.

z. B. 1958. $1958 - 622 + \frac{1958 - 622}{32}$ = Hidschrajahr 1377/78. (Der Neujahrstag fällt in den Monat August).

Monatsnamen

Neben den europäischen Monatsnamen sind auch die mohammedanischen Monatsnamen in Gebrauch. Die Monate sind aber nicht wie in unserem Kalender feststehend, sondern verschieben sich von Jahr zu Jahr um 11 Tage, so daß z. B. der 1. Muharram 1375 mit dem 19. August 1955 zusammenfällt.

محرم miħa'r-ram 1. Monat des mohammedanischen Jahres

صفر ßa'far 2. Monat des mohammedanischen Jahres

ربيع اول rabī'ˁ a'ω-ωal 3. Monat des mohammedanischen Jahres

ربيع ثان rabī'ˁ tā'ni 4. Monat des mohammedanischen Jahres

جماد اول gamā'd a'ω-ωal 5. Monat des mohammedanischen Jahres

جماد ثان gamā'd tā'ni 6. Monat des mohammedanischen Jahres

رجب ra'gab 7. Monat des mohammedanischen Jahres

شعبان schaˁbā'n 8. Monat des mohammedanischen Jahres

رمضان ramađā'n 9. Monat des mohammedanischen Jahres

شوال schaω-ωā'l 10. Monat des mohammedanischen Jahres

ذى القعدة sil-ˀi'ˁda 11. Monat des mohammedanischen Jahres

ذى الحجة sil-ħi'g-ga 12. Monat des mohammedanischen Jahres.

Moschee جامع ، مسجد gā' miˁ *od.* ma'ßgid

Vorhof صحن الجامع ßaħn el-gā'miˁ

Brunnen *(zum Waschen)* حنفيات الوضوء ħanafij-jā't el-ωuđū'ˀ

Minarett مئذنة ma'dna

Gebetsnische *(immer nach Mekka gerichtet)* محراب miħrā'b

Kanzel منبر ma'mber

Gebetsteppich سجادة صلاة ßig-gā'dit ßa'la

Vorbeter امام imā'm

Gebetsrufer مؤذن miˀa's-sin

Gebetsruf اذان adā'n

Freitagsgebet *(der Freitag entspricht bei den Mohammedanern dem christlichen Sonntag)* صلاة الجمعة ßalā't el-gu'mʕa

Koran قرآن kurā'n

Religiöse Feste الاعياد الدينية el-aʕjā'd ed-dini'j-ja

Ramadan *(Fastenmonat, es wird vom Sonnenaufgang bis Sonnenuntergang gefastet)* رمضان ramadā'n

Kleines Fest *(am Ende des Ramadan)* العيد الصغير el-ʕī'd eß-ßuγa'j-jar

Großes Fest *od.* **Opferfest** *(am* **10.** *des Monats sil-hi'g-ga)* العيد الكبير او عيد الضحية el-ʕī'd el-kebī'r au ʕī'd eđ-đaħi'j-ja

Geburtstag des Propheten Mohammed *(am* **12.** *des Monats rabī'ʕ el-a'ω-ωal)* مولد النبي mū'lid en-na'bi

Die Glückwünsche zum Ramadan sind رمضان كريم ramadā'n kerī'm **und zu Neujahr** كل سنة وانت طيب kull ßa'na ωi'nta ŧa'j-jib

Staatsfeiertage الاعياد الرسمية el-aʕjā'd er-raß-mi'j-ja

Fest der Konstitutionserklärung *(zur Erinnerung an die neue Konstitutionserklärung durch Gemal Abd En-Nasir am* **16.** *Januar)* عيد اعلان الدستور ʕī'd iʕlā'n ed-daßtūr

Fest des Abzugs und der Republik *(am* **18.** *Juni. Zur Erinnerung an den Abzug der englischen Truppen und der Erklärung der Republik am* **18.** *Juni* **1956***)* عيد الجلاء والجمهورية ʕī'd el-galā'ʔ wel-gamhuri'j-ja

Fest der Revolution *(zur Erinnerung an die Machtübernahme durch den Revolutionsrat und der Verbannung des Königs Faruk am* **23.** *Juli* **1952***)* عيد الثورة ʕī'd eß-ßau'ra

Fest des Nils *(am Tage, an dem der Nil seinen höchsten Wasserstand erreicht, am* **2.** *August)* عيد وفاء النيل ʕī'd ωafā'ʔ en-nīl

Koptische Feste الاعياد القبطية el-aʕjā'd el-ʔibti'j-ja
Weihnachten *(am* **7.** *Januar)* عيد الميلاد المجيد ʕī'd el-milā'd el-magī'd
Beschneidungsfest *(am* **14.** *Januar)* عيد الختان ʕī'd el-chitā'n
Dreikönigstag *(am* **19.** *Januar)* عيد الغطاس ʕī'd el-γitā'ß
Himmelfahrtstag عيد القيامة ʕī'd el-ʔijā'ma
Ostern شم النسيم schamm en-nißī'm
Neujahr *(am* **12.** *September)* راس السنة rāß eß-ßa'na
Fest der Auffindung des Kreuzes عيد الصليب ʕī'd aß-ßalī'b)

Sachregister

(Die Zahlen geben die Seiten an.) Stichwörter mit * beziehen sich auf die Grammatik.

Abendessen, 47.
Abfahrt, 40.
Abschied, 17.
*Adjektiv, 161.
Adreßbuch, 103, 134.
*Adverb, 186.
*Akzent, 7.
*Alphabet, 7.
Alter, 152.
Andenken, 58, 65.
Anfrage, 21.
Ankunft, 40.
*Anleitung zur Benutzung, 3.
Anrede, 15.
Anzug, 83.
*Aorist, 166.
Apotheke, 24.
*Artikel, 159.
Aufenthalt, 40.
Arzt, 26.
Ausflug, 115.
Auskunft, 22.
*Aussprache, 5.
Auto, 142.

Backwaren, 19.
Bad, 34.
Bahn, 40.
Bank, 36;
  ~noten, 197.
Bedauern, 20.
Bedienung, 38, 80.
Bedürfnisanstalt, 134.
Befinden, 17.
Begrüßung, 15.
Behörden, 133.
Beileid, 17.
Bekanntmachungen, 193.
Bekanntschaft, 15.
*Benutzung des Sprachführers, 3.
Beruf, 58.
Beschwerde, 19.
Besichtigung, 134.
Besuch, 15.
Bett, 74, 80, 101.
Bezahlen, 38, 58, 80.
Bitte, 18.
Blumen, 58.
Boot, 110.
Brief, 103.
Bücher, 60.

Café, 38.

Dampfer, 112.
Dank, 19.
*Deklination, 160.
Delikatessen, 116, 195.
Dienstmann, 60.
Drogerie, 24.
Droschke, 142.

Eierspeisen, 123.
Einkauf, 58.

Eintrittskarte 93, 110, 134.
Eisenbahn, 40.
Empfehlung, 18.
Entschuldigung, 20.
Erkundigung, 21.
Essen, 47, 116.

Fahren, 110.
Fahrgeld, 142.
Fahrkarte, 40.
Fahrplan, 40.
Familie, 52.
Feiertage, 153.
Fernsehen, 129.
Fernsprecher, 103.
Fischgerichte, 120.
Fleischspeisen, 120.
Flugzeug, 146.
*Formen des Verbs, 171.
Foto, 69.
Friseur, 53.
Frühstück, 47.
Führer, 134.
*Futur, 168.

Gasthof, 38, 80.
Gebäck, 39.
Gebrauchsgegenstände, 55.
Geburtstag, 52.
Geflügel, 121.
Geld, 36, 197.
Gemüse, 122.
Gepäck, 43.
Gerichte, 116.
Gespräch, 23.
Geschäfte, 58.
Getränke, 47, 73.
Gewerbe, 58.
Gewichte, 100, 198.
Glückwunsch, 17.
Gottesdienst, 137, 200.
Grammatik, 159.

*„haben", 164.
Handel, 58.
Haus, 74; ~gerät, 101.
*Hilfszeitwörter, 178.
Hotel, 80.

*Imperativ, 168.
Islamisches, 200.

Jahreszeit, 154.

Kalender, 152, 200.
Karten spielen, 124.
Kellner, 38.
Kino, 93.
Kirche, 137, 200.
Kleidung, 83.
Koffer, 43.
*Konditionalis, 169.
Konditorei, 38.
*Konjugation, 166.
*Konjunktionen, 185.
*„können", 179.
*Konsonanten, 5.
Konzert, 93.
Körper, 98; ~pflege, 25, 53, 140.
Kosmetik, 25.
Krankheit, 26.

Kuchen, 39.
Kur, 35.
Kursbuch, 40.

Land und Stadt, 134.
*Lautschrift, 5.

Mahlzeiten, 47, 116.
Maße (und Gewichte), 100, 198.
Mieten, 74.
Mittag(essen), 47.
Mitteilung, 22.
Möbel, 101.
Motor, 143.
Moschee, 201.
Münzen, 197.
Museum, 134.
*„müssen", 178.

Nachtisch, 123.

Oase, 138.
Obst, 123.
Omnibus, 142.
Oper, 95.

Paket, 103.
Papierwaren, 68.
Party, 52.
Paß, 111.
*Passiv, 169.
Pension, 80.
Photo, 69.
Platz, 93, 110.
Polizei, 133.
Post, 103.
*Präpositionen, 185.
*Präsens, 166.
Preis, 38, 58, 80.
*Pronomen, 181.
Putzmacherin, 85.
Pyramide, 138.

Rasieren, 53, 140.
Restaurant, 38.
Redewendungen, 15.
Reise, 110.
Rezept, 24, 26.
Rundfunk, 129.

*„sagen", 176.
*„sammeln", 174.
*„schenken", 174.
Schiff, 112.
Schmuck, 65.
Schneider, 90.
Schönheitspflege, 25, 53, 140.
*„schreiben", 166.
Schuhe, 86.
Schuhmacher, 58.
Schwimmen, 124.
Seereise, 112.
Sehenswürdigkeiten, 12, 110, 134.
*„sein", 165.
Souvenir, 58.
Speisen(Verzeichnis), 116, 195; ~zubereitung, 116.
Sphinx, 138.
Spiel 93, 124.
Sport, 124.
Staat, 133.
Stadt, 134.
*Steigerung der Adjektive, 163.
Straße, 138; ~nbahn, 148.

*Substantiv, 159.
Suppen, 119.
Süßspeisen, 124.
Süßwaren, 38.
*Syntax, 187.

Tabak, 58.
Tanz, 131.
Teigwaren, 119.
Telegraph, 103.
Telephon, 103, 108.
Theater, 93, 96.
Titel, 15.
Tod, 52.
Toilette, 140.
Tour, 115.
Trinken, 47.
*„trinken", 167.

Uhr, 152.
*Umschrift, 5.
Unfall, 26, 98, 115, 143.
Unterhaltung, 23.
Unterkunft, 80.

Varieté, 97.
*Verbum, 164.
Vergnügungen, 93, 124.
*„verkaufen", 167.
Verkehr, 110, 142; ~smittel, 142.
*Verneinung, 180.
*Vokale, 5.
Vorspeisen, 118.
Vorstellung, 15.

Warnungen, 193.
Wäsche, 92.
Wechselkurs, 38.
Weg, 22, 134.
*„werfen", 176.
Werkzeug, 58, 143.
Wetter, 149.
Wohnung, 74.
*„wollen", 179.
Wunsch, 18.

Zahlwörter, 189.
Zeit, 152; ~vertreib, 93, 124.
Zimmer, 74, 80.
Zirkus, 97.
Zoll, 115.
Zubereitung von Speisen, 116.
Zug, 40.
Zutaten, 116.

لانجنشايت

دليل لغوي

ألماني

عربي - مصري